梁启超 ◎ 著

中國學術思想變遷史

山西出版傳媒集團
山西人民出版社

圖書在版編目（CIP）數據

中國學術思想變遷史 / 梁啟超著. —太原：山西人民出版社，2014.12
（近代名家散佚學術著作叢刊 / 許嘉璐主編）
ISBN 978-7-203-08765-6

Ⅰ. ①中… Ⅱ. ①梁… Ⅲ. ①學術思想—思想史—研究—中國 Ⅳ. ①B2

中國版本圖書館CIP數據核字（2014）第234717號

中國學術思想變遷史

主　編　許嘉璐
著　者　梁啓超
責任編輯　梁晉華
助理編輯　張潔
出版者　山西出版傳媒集團·山西人民出版社
發行營銷　0351-4922220　4955996　4956039
　　　　　0351-4922127（傳真）　4956038（郵購）
郵　編　030012
地　址　太原市建設南路21號
E-mail　sxskcb@163.com
　　　　sxskcb@126.com　總編室
網　址　www.sxskcb.com
經銷者　山西出版傳媒集團·山西人民出版社
承印廠　山西出版傳媒集團·山西人民印刷有限責任公司
開　本　700mm×970mm　1/16
印　張　10.75
字　數　66千字
印　數　1—3000冊
版　次　2014年12月　第一版
印　次　2014年12月　第一次印刷
書　號　ISBN 978-7-203-08765-6
定　價　27.00圓

《近代名家散佚學術著作叢刊》編委會

總主編　許嘉璐

編委會　王紹培　王繼軍　許石林　李明君
　　　　汪高鑫　趙　勇　梁歸智　樊　綱
　　　　（按姓氏筆畫排序）

總策劃　越衆文化傳播·南兆旭

出版工作委員會

主　任　李廣潔

副主任　姚　軍　石凌虛

委　員　周　威　梁晉華　徐　勝　顏海琴
　　　　張文穎　秦繼華　馮靈芝　張　潔

設計總監　李尚斌

設計製作　王秀玲　何萬峰　歐陽樂天

出版說明

近代名家散佚學術著作叢刊選取一九四九年以後未再刊行之近代名家學術著作共一百二十冊，編例如下：

一、本叢書遴選之著作在相關學術領域具有一定的代表性，在學術研究方向、方法上獨具特色。

二、爲避免重新排印時出錯，本叢書原本原貌影印出版。影印之底本皆經專家組審定，原書字體大小，排版格式均未做大的改變，原書之序言，附注皆予保留。

三、本叢書分爲八大類，以作者生卒年編次。

四、爲使叢書體例一致，本叢書前言後記均采用繁體字排版。

五、個別頁碼較少的版本，爲方便裝幀和閱讀，進行了合訂。

六、少數學術著作原書內容有個別破損之處，編者以不改變版本內容爲前提，部分進行修補，難以修復之處保留缺損原狀。

七、原版書中個別錯訛之處，皆照原樣影印，未做修改。

八、所選版本之抽印本頁碼標注，起始至所終頁碼均照原樣影印，未重新編排標注新頁碼。

由於叢書規模較大，不足之處，殷切期待方家指正。

總序 / 披沙瀝金，以為鏡鑑

◇ 許嘉璐

多年來有一個問題始終在我腦中盤桓：為什麼在十九世紀末到二十世紀初，在短短的幾十年裏，中國的各個學術領域竟湧現了那麼多大師級的人物？這是中國近代史上一個極為重要的現象，我認為，如果不能給出令人滿意的答案，我們撰寫的近代學術史將是不完整的，甚至是缺乏靈魂的。後來我知道，著名人類學家克羅伯曾提出過一個問題：為什麼天才成群地來？看來這種現象的出現並非中國所獨有，思考其所以然的也大有人在。而在那一次世紀之交中國的情況，似乎應驗了「天才成群地來」這個令克氏久久不解的疑問。錢學森先生曾從相反的方向提出了相同的疑問：為什麼我們這個時代出現不了傑出人才？後來人們稱這個問題為「錢學森之謎」。

要回答這些疑問不是件容易的事。與其迅速地囫圇地探尋，不如先多了解那些讓中國近代學術（應該包括人文科學和自然科學）史上閃耀着光輝的大師們的作品和自述，從而在腦海裏盡量「復原」他們所處的環境和在那種環境下的心理路徑，從中或許可以得到一些啓示。

有一點是顯然的，這就是他們雖然都已遠離塵世而去，但是他們獨立思考的品性、求知治學的真誠、困厄窮愁中對節操的堅守，恐怕是他們共同的主觀因素，一直影響到現在，而且將會永遠留存下去。那時的學就思想界、學術界而言，二十世紀上半葉是一個新說和舊說碰撞，中學和西學融匯的大時代。他們人人極為重視言行操守，同時具備現代知識分子的理想信念；他們的學術研究十分純淨，絕少功利因素；他們

○○一

的視界開闊，以包容的心態和嚴謹的風格造就了成果的大氣與厚重。至於在客觀因素一面，他們實際是在用工業化時代的事實解說着太史公所說的名山之作「大抵聖賢發憤之所爲作」，困厄苦難使得他們「皆意有所鬱結」。這種鬱結，幾乎和個人的名利毫無牽涉，他們永遠不能釋懷的，是民族的存亡、國運的興衰、民衆的福禍和文脈的續斷。

那個時代也是近代歷史上最大規模的中西古今學術調適、創新的時期，學術方法上的交互滲透和融合、創新亦可謂「於斯爲盛」。斯時之學人是要在封閉的屋牆上鑿出窗子的勇士，是使人能夠看看外部世界的第一批導夫先路者，或者可以說，他們是在「意有所鬱結」時「彷徨」和「吶喊」的「狂人」。

相對於那時的哲人們，後來者是幸運兒。現在的形勢是，近三十年來學界空前繁榮，衆多學科有了長足之進，其中很重要的一點是學界有了更新穎、更廣闊的國際視野，似乎接續上了百年前的學壇盛事。但細想想，「古」與「今」還是有差別的。其異，主要不在於世界情勢、學術進展、工具改善這些客觀存在，而在於在廣泛吸收各國優長的同時，自身文化的主體性越來越受到重視，換言之，「拿來」的程序，加上了試用、甄別、篩選、吸收、融合、成長。就我孤陋所見，在當今地球上，面向所有異質文明，努力汲取我之所缺，其範圍之大和心態之切，似乎無出中國之右者。從這個角度說，我們已經超越了前輩。但是事情還有另外一面，學術，特別是人文學科，其職業化、「沙龍化」和功利性，以及隨之而來的浮躁病却嚴重了。從這個角度說，是不是我們已經後退得夠可以的了？而這是不是我們這個時代出不了大師的原因之一呢？

民國學術界的特點之一是極爲注重對傳統的反省、批判與繼承。他們對傳統文化盡最大的努力進行整理

和研究。一方面,由於戰亂頻仍,民不聊生,學者們擔起了讓中華文化薪火相傳的歷史責任;另一方面,他們要通過對中國傳統文化的整理、挖掘來重振民族自信心。這一時期對傳統文化進行整理的全面而深入是前所未有的,舉凡文字學、語言學、經濟學、法學、哲學、政治制度、書法繪畫、金石學……規模之宏大,研究之精微,令人嘆爲觀止。

民國學術推動了現代學科體系的建立。在對傳統文化整理和研究的基礎上,吸收西方的文化思想和理念,推動和建立了中國現代學科體系。例如,在對語言文字和音韻學成果進行整理、研究的基礎上開始着手規範之,建立了國語學;深入研究書法、國畫,將其融入了現代美術學科;在廢除舊有學制後逐步建立起小、中、大學較完整的科目和學科體系。

民國學術也改變了傳統學術方式,建立了新的研究範式。以現代科學考古爲發端,科研的實踐和成果使中國知識界真正認識到在實驗、比較基礎上的邏輯分析對學術研究的重要,推進了中國學術的一大演變。至於我們常說的打破士大夫傳統,走出書齋到田野鄉村和市民中進行調查研究,結束了經學時代,以歷史眼光檢視儒學和諸子等等,都是確立新學術範式的努力。這一轉變,也標誌着中國學術界脫胎換骨,全面進入了現代,爲此後的學術發展奠定了堅實的基礎。當然,西方啓蒙運動以來,在「現代性」和「現代化」裏潛伏着的缺陷和謬誤也傳到了中國,這些不能不在前哲的著作裏留下痕跡。這並不奇怪。類似的情況,古往今來孰能免之?猶如今天的我們,誰敢自稱我之所見就是永恒的真理?在這個問題上兩個時代所異者,或許就在昔時大家創立新說或譯註西學著作,往往是懷着對學術和前哲的敬畏而爲之,故而常常誤不在我;當今則往往出於對學問和他人的輕蔑,或以所研究的對象爲謀己的工具,因而難辭主觀之咎吧。翻閱他們的心血之

作，這些復雜的狀況可以顯見，可以視之爲我們的一面鏡子。

滄海桑田，世事變幻，歷史的動盪和時代的遮蔽，使當年許多大師的一些極有價值的學術著作被棄於故紙堆中，不能不令人有遺珠之憾。爲此，山西人民出版社不惜以數年之艱辛，披沙瀝金，編輯出版這套近代名家散佚學術著作叢刊，凡一百二十册，計文學、史學、政治與法律、美學與文藝理論、民族風俗、宗教與哲學、經濟、語言文獻共八大類别。所選皆爲作者之純學術著作，無論是其見解、精神，抑或是其時代烙印，都是後輩學人可資借鑒的寶貴財富。他們出版這套叢書，意在讓世人不忘來程，知篳路藍縷之不易，爲民族文化的傳承再增薪木。

出版社的初衷，與我近年來所思所慮近似，故願略述淺見於書端，以與策劃者、編輯者和讀者共勉。

二〇一四年七月六日
改定於自安東回京途中

前言

◇ 王紹培

近代名家散佚學術著作叢刊是一項重大的學術工程，我接到寫這個序言的指令，誠惶誠恐多日，端的是藐予小子，何敢贊一言。

但我亦深知這是一個重溫先賢大哲傑出思想成就的寶貴機會。果然，十余部宗教哲學類著述電子版到手，翻閱起來，雖然難免諸多不便，但靜心瀏覽，不能不生感慨良多。這批著作全部都在民國期間出版。最早的一本是梁漱溟的究元決疑論，是商務印書館一九二三年出版的。其餘的大部分都出版在二十世紀三十年代的抗戰爆發之前。想想看，彼何時也，政局動盪不已，軍閥混戰不休，而民不聊生，但學術活動仍然頑強挣扎，開展得如火如荼，且學術質量之高，令人驚訝。

所謂學術質量之高亦不是我輩來信口雌黃。事實上，對於這些前輩學人及其成就，學界早有定評。例如，梁啓超（一八七三年—一九二九年）被公認是清朝最優秀的學者，是一位百科全書式的人物。最難以想象的是在他五十六年的短暫生命中，既積極投身從事大量的政治活動和社會活動，又能在哲學、文學、史學、經學、法學、倫理學、宗教學等領域均有建樹，這是怎麼做到的？曾經看見一則逸聞，説梁啓超每天必打八圈麻將，寫八千字文章，他不少文章是邊打麻將邊口授的，簡直神乎其技了，但不知道真假。本叢書收録的梁啓超的中國學術思想變遷史（商務印書館一九二六年出版）被學人贊許之為「中國學術史上的垂範之

梁啟超在經過革命失敗的過程之後，痛定思痛，得出的教訓是要高度重視學術思想，他說：「學術思想之在一國，猶人之有精神也，而政事，法律，風俗，及歷史上種種之現象，則其形質也。」梁啟超認為，有新學術思想，就會有新國民，有新國民，就會有新國家新世界。從梁啟超的論述可知，他對哥白尼、培根、笛卡爾、孟德斯鳩、盧梭、富蘭克林、瓦特、亞當·斯密、達爾文等等思想家瞭如指掌。他極為看重思想言論自由，他認為「春秋末及戰國」為中國學術思想的「全盛時代」，而追溯所以致盛的原因，「思想言論之自由」為其中一個重要的方面。其餘諸多因素，除了「由於蘊蓄之宏富也」與歷史積累有關，其他「社會之變遷也」、「交通之頻繁也」、「人材之見重也」、「文字之趨簡也」、「講學之風盛也」，也都跟社會自由有很大的關聯。現在的年輕人有時或者會覺得清末民初的人物都是老古董，但看看梁啟超就知道，他的思想之新銳先鋒不在現在很多人之下。正因為梁啟超把學術思想看得如此之重，因此，該書欲總結中國固有學術思想之得失，以西方文化參補之，從而恢復上古與中古時代「我中華第一也」的學術「最高尚最榮譽之位置，而更執牛耳於全世界之學術思想界」。百年之後，看見這樣的雄心壯志，真是讓人唏噓不已。

再如錢基博先生。現在的讀者如果知道錢基博大概多是因為錢鍾書的緣故，但錢基博先生本身就是碩學鴻儒，父子同為大師，此等情形較為罕見。《四書解題及其讀法》（商務印書館一九三一年出版）亦是錢基博的代表作之一。四書是儒家傳道授業的基本教材，亦是儒學的重要原典。錢基博說他在四十歲時遇見梁啟超，梁啟超送他一本要籍解題及其讀法，他有不同看法，於是成就四書解題及其讀法一書。錢基博的四書解題，回到朱熹的「大語孟中」的次序，所謂「不先乎大學，則無以提綱挈領，而盡語孟之精微」；「不參之論孟，則無以融會貫通，而極中庸之指趣」。或則，「先讀大學，以立其規模，次及語孟，以盡其蘊奧，而後會其

歸於中庸；蓋以爲學之程序，而第其書之先後也」。衆所周知的是，錢基博不是那種關門閉戶死讀書的腐儒，而是心憂天下的君子。就在該書的序言裏，他亦不忘表露初衷：「今四十歲，飽更世患，民治革政，共而不和，爭民施奪之既久，寖尋以至今日，又見有專無制，哀哉耗已！末法披昌，人將相食，窮則反本，縕溫故書，然後知聖人憂世之情深，仁民之道大也！繕寫既定，而爲考鏡原流，發明指意，於文章典籍之中，得其辨名正物之意，庶幾尼山正名之意云爾！」在錢基博這樣的學人眼裏，做學問跟憂世仁民大有關聯。

這些學者當中，無疑以梁漱溟（一八九三年—一九八八年）的世俗名氣爲最大，在現當代中國歷史上，梁漱溟是一位罕見的絕不阿世媚俗的有風骨的文人。梁漱溟自謂：「我自十四歲進入中學之後，便有一股向上之心驅使我在兩個問題上追求不已⋯⋯一是人生問題，即人活着爲了什麼，二是社會問題亦即中國問題，中國向何處去⋯⋯總論我一生八十餘年（指十四歲以後）的主要精力心機，無非都用在這兩個問題上。」梁漱溟曾經兩度自殺，可見其苦悶至深。一九一六年，二十三歲的梁漱溟即寫成究元決疑論，在東方雜誌連載，引起轟動。正因爲是書，二十四歲的梁漱溟被蔡元培校長延聘，進入北大教授印度哲學。關於究元決疑論之緣起，梁漱溟說：「於爾所時，舊執既失，勝義未獲，憂惶煩惱，不得自拔。或生邪思邪見，或縱浪淫樂；或成狂易，或取自經。如此者非財寶事物之所得解，唯法得解⋯⋯所謂佛學如實論與佛學方便論之二部，前者將以究元宣真，今命之曰『究元第一』；後者將以決行止之疑，今命之曰『決疑第二』。世之所急，常在決疑，又智力劣故，不任究元，以是避諱玄談，得少爲足。且不論其所得爲似爲非。究理而先自畫，如何得契宇宙之真？不異於立說之前，自暴其不足爲據。欲得決疑，要先究元。」所謂「究元」，亦即「佛學如實論」，探討宇宙本體問題，揭示佛法的核心教義乃爲「無性」「無自性」，世間萬事萬物皆是因緣和合，並無自體自性，如斯則從根本意義上省悟宇宙人生之真相。所謂「決疑」，亦即「佛學方便論」，

討論現象界的問題，以究元所得的佛法宇宙人生真諦來認識和指導現實的社會人生。「究元」是佛教立場的本體論，「決疑」是建基於佛教之上的人生觀。欲得決疑必先究元，先解決本體問題，則人生問題就好順勢而為。值得一說的是，五四時期，中國學術界跟國際社會基本接軌，信息傳遞大體同步。例如，古斯塔夫·勒龐（彼時譯為魯滂）的各種學說都被悉數譯介，即被梁漱溟消化，以茲與佛家性空學說參觀對照，按照勒龐的說法，以太是宇宙的本體，以太的「渦動」即為物質，「渦動」停止物質消滅的過程中派生各種「力」，「力」是同一物的不同形式。梁漱溟認為以太跟佛家的如來藏或阿賴耶相類似，「渦動」相當於忽然念起，「此渦動便是無明」。除此之外，梁漱溟對各種西方哲學瞭如指掌，例如，他以康德的現象與「物如」（物自體）之分，休謨的不可知論，來印證佛家元哲學之三義：「不可思議義，自然(Nature)軌則不可得義，德行(Moral)軌則不可得義。」復以叔本華的盲目衝動和意欲之說，柏格森的生命哲學來論證「人生基本是苦」的結論，唯有以佛法為精神支柱，方能安穩自我，清靜自守。

相對來說，馮承鈞先生（一八八七年—一九四六年）鮮為人知。馮承鈞早年留學比利時，後赴法國巴黎大學，主修法律。一九一一年獲索邦大學法學士學位。續入法蘭西學院師從漢學家伯希和。馮承鈞歸國後，曾任北京大學歷史系教授、北京師範大學歷史系教授。馮通曉法文、英文、比利時文、梵文、蒙古文、阿拉伯文、波斯文、兼及古回鶻語、吐火羅語和蒙語八思巴字，並精通中國史籍，在歷史學、歷史地理學、歷史語言學和考古學等方面都有較深的造詣，在史地研究方面卓然成家。馮承鈞畢生研究中外交通史和邊疆史，著譯既多且精，是民國時代重要的中外交通史家。馮承鈞從金石書畫以及方誌內裒集了元代歷代求法翻經錄，馮承鈞在其叙言中說：「求法傳經二事之重要，已為西方學者所共知⋯⋯第此種史料，多碑，成為一書，此即元代白話碑，概述元朝白話碑文的歷史背景，並對於元代白話語法加以研究討論。關於

散見於釋藏傳記譜錄之中。初學不易尋檢。余不敏特爲鳩集舊文，參以新證，凡關於求法翻經之事，皆攝錄其要……彙爲一編，名曰求法翻經錄。」由此可知，該書是一本資料薈萃之編。

另有兩位不大爲後人所知的學者。一位是江恒源（一八八五年—一九六一年）。江恒源是一位教育家，他的中國先哲人性論是作者一九二四年用八十天的時間寫成的專著，將先秦到明清之際的諸多先哲跟人性有關的觀點、思想娓娓道來。作者認爲，總體來說，中國哲學的起源，和歐洲有點不同。歐洲哲學以「求知」爲出發點，中國哲學以「利行」爲出發點。歐洲人說「哲學起於驚異」而中國哲學一切以現實認識爲根據……這幾句話要言不煩，道破中西哲學之差異。另一位是熊嶸（一九〇二年—一九八三年）。一九三一年，熊嶸留學美國華盛頓州立大學，獲經濟學博士學位，回國後任國民黨中央政治會議經濟組專門委員。一九三九年出任沅陵稅務局局長。一九四〇年冬掛冠歸里，應聘三民中學教務主任。其中，熊嶸一生著述頗豐，著有墨子經濟思想史、晚周諸子經濟思想史、江西省財政概況、湖南省財政概況等。其中，晚周諸子經濟思想史算得上是中國經濟史的奠基之作之一。該書綜述道儒法墨四家的經濟思想，同時對百家思想多有論略。

另外三位先生，湯用彤（一八九三年—一九六四年）、朱謙之（一八九九年—一九七二年）、蔡尚思（一九〇五年—二〇〇八年），知名度不大不小，但其實都是極具分量的重要學者。一般認爲，湯用彤是現代中國學術史上少數幾位能會通中西、接通華梵、熔鑄古今的國學大師之一。他的竺道生與涅槃學是其重要的學術著作之一。竺道生是東晉時期的著名高僧，是鳩摩羅什的弟子。竺道生認爲那些斷了善根的人也可以成佛，他又主張頓悟成佛，這些都不是主流的觀點。竺道生是東晉最著名的涅槃學者，他把作爲精緻哲學形態的般若學和粗俗的成佛說教結合起來，着重闡發涅槃佛性說，認爲「真空妙有」契合無間，開創佛教一代新風，因此被尊爲「涅槃聖」。朱謙之是二十世紀著名歷史學家、哲學家和東方學家，亦有「百科全書式學

者」的美譽。他年輕時曾經短暫出家爲僧，後來發現，佛教不能實現自己的夙願，因此跟佛門斷絕關係。他主張宇宙人生是一股真情之流。他的中國思想對於歐洲文化之影響（一九四〇年出版）一書的寫作，歷時五年，他自認爲是「最細心結撰的一部著作」。朱先生認爲，東西文化各有其自身的歷史特徵，但是，這並不妨礙它們同時通過各種途徑接受、吸納對方的影響。在十六至十七世紀以來華的耶穌會士爲媒介，中國哲學文化給予歐洲思想界的影響歷歷可數。在十七至十八世紀，中國哲學文化特別是孔子哲學被廣泛譯介到歐洲大陸，成爲歐洲理性時代來臨的外來思想條件。東西文化的相互影響、接觸，給世界文明帶來了強大的推動力。朱謙之先生的這部重要的著作，對於研究中西文化史的後來學者，仍然是一座繞不過去的學術高峰。蔡尚思先生是哲學家，亦是中國思想史專家。他出版中國三大思想之比觀一書時是二十八歲，寫成則是二十四歲，而在此前的二十一歲時，他就寫成了研究孔子哲學、老子哲學和墨子哲學的專著。所謂中國三大思想，指的是老孔墨三家。蔡尚思先生將三家思想的方方面面比較對照，細緻而又周全。例如，他認爲老子是藝術的，墨子是功利的，孔子則介乎兩者之間；老子以死天爲主，活人法死天，無爲自然，孔子以天鬼爲名，以君王爲實，視天子嚴君如天帝鬼神；墨子以活天爲主，視死天如活人，兼愛交利……這些比較十分具體，發人深省，後之學者反而不做如此細緻的功夫了。

即使是非常粗略地瀏覽民國學人的著述，也不難發現一點，這些學者何以在年紀輕輕時就已經開始著書立說，而且水準頗高？我們站在新中國的立場回望，覺得彼時天地之舊，但如果他們站在辛亥革命之後前瞻，或許看見的全是風物之新。因此，當時的人或者滿是志氣，要在新天地有所作爲。及至戰亂迭起，他們更是堅定了文化返本開新的決心。從教育的角度來說，當時的精英教育使能夠接受教育的人都是英才，而這些教育英才的人和英才自己也都非常珍惜機會，所以成才率顯然比今天高。中外學術思想交流的順利和及

時，也是民國學術思想繁榮的一個原因。我們看梁漱溟等人的書，不難發現他們對國外各種思想潮流都瞭如指掌，各家各派的學說都被拿來為我所用。當然，學術思想的相當自由也保證了這些學者在著書立說時，較少外部顧慮，一心把書寫成、把文章做好就對了。這些其實遠遠不算完美的局面，仍然因為日本人的侵略而被打斷，內戰的影響也顯而易見。及至新中國建立，學術範式、語言、議題、旨趣等等完全轉型，一個時代就這樣結束了。

因此，今天我們重溫民國學人的思想，除了瞻仰他們曾經到達的思想高度之外，也是順便看看，學術思想在一種相對自然而正常的情況下，可以呈現出一種怎樣的風貌，結出怎樣的碩果，而於我們中國人會有怎樣的信心跟鼓勵。值得慶幸的是，二十世紀八十年代開始，我們又回到了一個總體來說學人可以有所作為的環境中，至於新世紀的學人可以取得怎樣的成就，在很大程度要看個人自己的努力和爭取了。

作者簡介

梁啓超（一八七三年—一九二九年），中國近代史上著名的政治活動家、啓蒙思想家、教育家、史學家和文學家、學者。戊戌變法（百日維新）領袖之一。曾倡導文體改良的「詩界革命」和「小說界革命」。其著作編爲飲冰室合集，包括影響後世深遠的中國近三百年學術史、中國歷史研究法、少年中國說等。

中國古代學術思想變遷史目次

第一章　總論

第二章　胚胎時代

第三章　全盛時代

　第一節　論周末學術思想勃興之原因

　第二節　論諸家之派別

　第三節　論諸家學術之根據及其長短得失

　第四節　先秦學派與希臘印度學派比較

　　甲　與希臘學派之比較

　　　一　先秦學派之所長

　　　二　先秦學派之所短

中國古代學術思想變遷史目次

一

中國古代學術思想變遷史目次

乙 與印度學派比較

第四章 儒學統一時代
第一節 其原因
第二節 其歷史
第三節 其派別
第四節 其結果

第五章 老學時代

第六章 佛學時代
第一節 發端
第二節 佛學漸次發達之歷史
第三節 諸宗略紀
第四節 中國佛學之特色及其偉人

中國古代學術思想變遷史

新會梁啓超著

第一章 總論

學術思想之在一國,猶人之有精神也;而政事法律風俗及歷史上種種之現象則其形質也。故欲覘其國文野強弱之程度如何,必於學術思想焉求之。

立於五洲中之最大洲,而為其洲中之最大國者誰乎?我中華也。人口居全地球三分之一者誰乎?我中華也。四千餘年之歷史未嘗一中斷者誰乎?我中華也。我中華有四百兆人公用之語言文字世界莫能及。我中華〔總一千九百年之統計,歐洲各國語之通用,以英爲最廣,猶不過一百十二兆人耳,較吾華文僅有四分之一也。印度人雖多,而其語言文字,殊雜甚。中國雖南北國變,其語異殊,至其大致則一也。此事爲將來一大問題,別有文論之。〕

有三十世紀前傳來之古書世界莫能及。古書，如摩西之舊約全書，約距今三千五百年，婆羅門之四韋陀論亦然，希臘和馬耳之詩歌，約在二千三百年前，皆無能及尚書者。若夫二千五百年以上之書，則我中華今傳者尚十餘種，歐洲乃無一也。此真我國民可以自豪者。

西人稱世界文明之祖國有五：曰中華，曰印度，曰安息，曰埃及，曰墨西哥。然彼四地者其國亡其文明與之俱亡今試一遊其墟但有摩訶末遺裔鐵騎蹂躪之跡與高加索強族金粉歌舞之場耳！而我中華者屹然獨立繼繼繩繩增長光大以迄今日此後且將匯萬流而鎔之合一爐而冶之。於戲美哉我國！於戲偉大哉我國民吾當草此論之始吾不得不三薰三沐仰天百拜謝其生我於此至美之國而爲此偉大國民之一分子也。

深山大澤而龍蛇生焉。取精多用物宏而魂魄強焉。此至美至大之國民其學術思想所磅礴鬱積又豈彼崎嶇山谷中之獷族生息彈丸上之島夷所能夢見者故合世界史通觀之上世史時代之學術思想我中

華第一也。

泰西雖有希臘稜格拉底亞里士多德諸賢,然安能及我先秦諸子。中世史時代,我國之學術思想雖稍衰,然歐洲更甚。歐洲所得者,惟基督教及羅馬法耳,自餘則暗無天日。歐洲以外更不必論。

中世史時代之學術思想,我中華第一也。惟近世史時代則相形之下吾汗顏矣。雖然近世史之前途未有艾也又安見此偉大國民不能恢復乃祖乃宗所處最高尚最榮譽之位置,而更執牛耳於全世界之學術思想界者?吾欲草此論吾之希望如海如潮吾之熱血如火如燄吾之何以舞蹈也。於戲!吾愛我祖國吾愛我同胞之國民。之何以坌湧吾手足之不自知吾之氣燄生此國爲此民享此學術思想之恩澤則歌之舞之發揮之光大之繼長而增高之吾輩之責也。而至今未聞有從事於此者何也?凡天下事必比較然後見其眞無比較則非惟不能知己之所短並不能知己之所長。前代無論矣。今世所稱好學深思之士有兩種:一則徒爲本國思想學術界所窮,而於他國者未嘗一涉其樊也;一則徒爲外國學術思想所眩,而於本國者不屑

一屑其意也夫我界既如此其博大而深賾也他界復如此其燦爛而蓬勃也，非竭數十年之力於彼乎於此乎，一一擷其實咀其華融會而貫通焉則雖欲歌舞之烏從而歌舞之？區區小子於四庫著錄十未睹一於他國文字初問津焉耳夫何敢搖筆弄舌，從事於先輩所不敢從事者雖然吾愛我國吾愛我國民吾不能自已吾姑就吾所見及之一二雜寫之以爲吾將來研究此學之息壤流布之以爲吾同志研究此學者之篳路籃縷。天如假我數十年乎吾同胞其有聯袂而起者乎佇看近世史中我中華學術思想之位置何如矣。

且吾有一言，欲爲我青年同胞諸君告者自今以往二十年中吾不患外國學術思想之不輸入吾惟患本國學術思想之不發明。夫二十年間之不發明，於吾學術思想必非有損也雖然凡一國之立於天地必有其所以

立之特質;欲自善其國者,不可不於此特質爲淬厲之而增損之今正當過渡時代,蒼黃不接之餘諸君如愛國也,欲喚起同胞之愛國心也於此事必非可等閒視矣。不然,脫崇拜古人之奴隸性,而復生出一種崇拜外人蔑視本族之奴隸性吾懼其得不償失也且諸君皆以輸入文明自任者也,凡教人必當因其性所近而利導之,就其已知者而比較之則事半功倍焉不然,則國之博士鴻儒亦多矣顧不能有裨於我國民者何也?相知不習,而勢有所扞格也若諸君而吐棄本國學問不屑從事也則吾國雖多得百數十之達爾文約翰彌勒赫胥黎斯賓塞吾懼其於學界一無影響也故吾草此論,非欲附益我國民妄自尊大之性蓋區區微意亦有不得已焉者爾。

今於造論之前,有當提表者數端:

吾欲畫開我數千年學術思想界爲七時代:一胚胎時代,春秋以前是

也。二全盛時代春秋末及戰國是也。三儒學統一時代，兩漢是也。四老學時代，魏晉是也。五佛老時代，南北朝唐是也。六儒佛混合時代，宋元明是也。七衰落時代，近二百五十年是也。八復興時代今日是也。其間時代與時代之相嬗界限常不能分明，非特學術思想有然即政治史亦莫不然也。一時代中或含有過去時代之餘波與未來時代之萌蘗則舉其重者也其理由下方詳說之。

吾國有特異於他國者一事曰無宗教是也。淺識者或以是爲國之恥，而不知是榮也，非辱也宗教者於人羣幼稚時代雖頗有效及其既成長之後，則害多而利少焉。何也？以其阻學術思想之自由也吾國民食先哲之福，不以宗教之臭味混濁我腦性故學術思想之發達常優勝焉不見夫佛教之在印度在西藏在蒙古在緬甸暹羅恆抱持其小乘之迷信獨其入中國

則光大其大乘之理論乎？不見夫景教入中國數百年，而上流人士從之者希乎？故吾今者但求吾學術之進步思想之統一，_{統一者，謂全國民之精神，非擯斥異端之謂也。}不必更以宗教之末自法縛也。

生理學之公例，凡兩異性相合者其所得結果必加良，_{利加之牡馬交歐亞之牝駒，皆利用此例也。男女同姓，其生不蕃；兩緯度不同之男女相配，所生子必較聰慧；皆緣此理。}此例殆推諸各種事物而皆同者也。大地文明祖國凡五，因各遼遠隔絕不相溝通惟埃及安息藉地中海之力，兩文明相遇，遂產出歐洲之文明，光耀大地焉其後阿剌伯人西漸，十字軍東征歐亞文明，再交媾一度乃成近世震天鑠地之現象，皆此公例之明驗也。我中華當戰國之時南北兩文明初相接觸而古代之學術思想達于全盛及隋唐間與印度文明相接觸，而中世之學術思想放大光明。今則全球若比鄰矣埃及安息印度墨西哥四祖國其文明皆已滅，故雖與歐人交，

而不能生新現象蓋大地今日只有兩文明：一泰西文明歐美是也；二泰東文明中華是也二十世紀則兩文明結婚之時代也吾欲我同胞張燈置酒，逅輪俟門三揖三讓以行親迎之大典彼西方美人必能為我家育甯馨兒，以光我宗也。

第二章　胚胎時代

中國種族不一而其學術思想之源泉，則皆自黃帝子孫（下文宜稱黃族。向用「漢種」二字，今以漢乃後起一朝代，不足冒我全族之名，故改用此。）來也。黃族起于西北戰黃河流域之蠻族而勝之寖昌寖熾，遂徧大陸太古之事搢紳先生難言焉第弗深考今畫春秋以前為胚胎時代，而此時代中復畫為小時代者四其圖如下：

學術思想與歷史上之大勢其關係常密切。上古之歷史至黃帝而一

胚胎時代 {
第一：黃帝時代
第二：夏禹時代
第三：周初時代
第四：春秋時代
}

變，至夏禹而一變，至周初而一變，至春秋而一變。故文明精神之發達亦緣之以為界焉。黃帝之書著錄於漢書藝文志者二十餘種，班氏既一一明揭其依託，今所存素問內經等亦其一也。黃帝時代其文學之發達不能到此地位固無待言。要其進步之信而有徵者四事曰制文字，曰定曆象，曰作樂律，曰興醫藥是也。黃帝四征八討，東至海，南至江，西至流沙，北逐葷粥，蓋由經驗之廣，交通之繁，屢戰異種之民族而吸收之，得智識交換之益，故能一

洗混沌之陋而爛然揚光華也。及洪水之與，下民顚頓，全國現象，生一頓挫。禹抑洪水乘四載偏九洲經驗益廣交通益繁立圭告成帝國乃立故中華建國實始夏后。古代稱黃族爲華夏爲諸夏皆紀念禹之功德而用其民以代表國民也其時政治思想哲學思想皆漸發生禹貢之制度洪範之理想，

洪範雖箕子所述，其稱傳自神禹，必非靈誕。

皆爲三千年前精深博大之籍自禹以後垂千年，黃族各部落並立休養生息逮於周初，中央集權之勢益行菁華漸集於京師周公秉三王作官禮，

近儒多攻周官爲僞書。周官雖或有後人竄附，然豈能一筆抹煞耶？攻之者蓋有二蔽：一曰過崇毅主，視孔子以前之文明若無物焉；二由不通人羣進化之公例，見其中有許多制度，不脫蠻野思想習俗者，便以爲古聖人豈當有此？皆有所囿而生迷因也。

條理於是乎粗備洎及春秋，兼併漸行，列國盟會征伐交通益頻數，南北兩思潮漸相混合磅礴鬱積將達極點，於是孔子生而全盛時代來矣。文王繫易，而詩書亦爛然大完古代學術思想之精神

綜觀此時代之學術思想實爲我民族一切道德法律制度學藝之源

泉約而論之,蓋有三端:一曰天道,二曰人倫,三曰天人相與之際是也。而其所以能構成此思想者亦有二因:一曰由於天然者,蓋其地理之現象空界〔即天然界,近於地文學範圍者。此名詞從侯官嚴氏譯,謂古代最初之民族也。〕之狀態,能使初民對於上天而生出種種之觀念也。二曰由於人為者,蓋哲王先覺利導民族之特性因而以天事比附人事以為羣利也。請一一論次之。

中國無宗教無迷信,此就其學術發達以後之大體言之也。中國非無宗教思想,但其思想之起特早且常倚於切實,故迷信之力不甚強,而受益受敝皆少。中國古代思想,敬天畏天,其第一著也。其言天也與今日西教言造化主者頗近,但其語圓通不似彼之拘墟迹象易滋人惑。綜觀經傳所述,以為天者生人生物萬有之本原也〔詩「天生烝民」,書「惟天陰騭下民」,禮記「萬物本乎天」。〕。天者有全權,有全力,臨察下土者也〔詩「皇矣上帝,臨下有赫。監觀四方,求民之莫」。又「天監在下,有命既集」。〕。天者有自然之法則以為人事

之規範道德之基本也。詩「天生烝民，有物有則」。書「天敘有典，天秩有禮」。故人之於天也敬而畏之，一切思想皆以此為基焉。

各國之尊天者常崇之於萬有之外，而中國則常納之於人事之中，此吾中華所特長也。中國文明起於北方其氣候嚴寒，地味磽瘠得天較薄，故其人無餘裕以馳心廣遠游志幽微專就尋常日用之問題悉心研究，是以思想獨倚於實際，凡先哲所經營想像皆在人羣國家之要務。尊天也，目的不在天國而在世界受用不在未來而在現在是故人倫亦稱天倫，人道亦然天道記曰「善言天者必有驗於人」此所以雖近於宗教，而與他國之宗教自殊科也。

人羣進化第一期，必經神權政治之一階級，此萬國之所同也。吾中國上古，雖亦為神權時代，然與他國之神權，又自有異他國之神權以君主為

天帝之化身；中國之神權以君主為天帝之雇役故尋常神權之國君主一言一動視之與天帝之自言自動等；中國不然天也者統君民而並治之也所謂天秩天敘天命天討達於上下無貴賤一焉質而言之則天道者猶今世之憲法也。歐洲今世君民同受治於法之下中國古代君民同受治於天之下不過法實而有功天遠而無效耳但在邈古之世而有此精神不得不謂文明想像力之獨優也。泰西皆言君主有責任中國則君主無責任。惟中國則君主有責任責任者何？對於天而課其功罪也。日食彗見水旱蝗螟一切災異君主實尸其咎此等學說以今日科學家之眼視之可笑孰甚而不知其有精義存焉也其踐位也薦天而受其殂死也稱天而諡春秋所謂以天統君蓋雖專制而有不能盡專制者存此亦神權政體之所無也不甯惟是天也者非能諄諄然命之者也於是乎有代

古代神權之無責任，以為其天帝之化身也。今世立憲之無責任，歸其責於大臣，使人民不必有所偏惡，得以課其功罪也。過渡時代，不得不然也。

表之者厥惟我民。書曰：「天聰明，自我民聰明；天明畏，自我民明畏。」又曰「天視自我民視，天聽自我民聽。」又曰：「天矜下民民之所欲天必從之。」於是無形之天，忽變爲有形之天他國所謂天帝化身者人民也然則所謂天帝化身之秩序命討者實無異民之秩序命討也立法權在民也所謂君主對於天而負責任者實無異對於民而負責任也司法權在民也。然則中國古代思想其形質則神權也其精神則民權也。

古代各國皆行多神教，或有拜下等動物者所在皆是。中國前古雖亦多神，然所拜者皆在高尚而兼切於人事者也。天子祭天地諸侯祭社禝大夫祭五祀，天地之祭，幾於一神尙矣社禝者切於農事者也；五祀者門戶非竈中霤皆關於日用飮食者也吾國最初之文明事事皆主實際即此亦可

雖其法不立，其效不覩，然安可以責諸古代？當邃古之初而有此非偉大之國民其孰能與於斯！

以見之。且其中尤有最重特異者一事焉，曰尊先祖是也。吾國族制之發達最備，而保守之性質亦最強，故於祭天之外祀祖爲重，所謂天神地祇人鬼，凡稱鬼者皆謂先祖也。孔子謂夏道尊命，事鬼敬神而遠之；殷人尊神率民而事神先鬼而後禮，周人尊禮尙施，事鬼敬神而遠之，言三代思想之變遷，於其鬼神之間最注意焉。初民之特質則然也，尊祖之極常以與天並重。記曰：「萬物本乎天，人本乎祖。」詩曰：「文王陟降在帝左右。」書曰：「乃祖乃父丕乃告我。」高后曰：「作丕刑於朕孫迪高后丕乃崇降不祥。」蓋常視其祖宗之權力幾與天並此亦中國人與外國特異之點也。此等思想範圍數千年至今不衰。

要而論之，胚胎時代之文明以重實際爲第一義，重實際故重人事，其〔天鬼，並稱最多。子墨〕

敬天也,皆取以為人倫之模範也;重實際故重經驗,其尊祖也皆取以為先例之典型也。於是乎由思想發為學術其握學術之關鍵者有二職焉:

一曰祝掌天事者也凡人羣初進之時政教不分主神事者其權最重。埃及之法老,猶太之祭司長,見於舊約全書者,皆司祝官也。印度有四族,婆羅門為首,刹利次之。刹利,帝王之族也;婆羅門,司祝之族也。乃至波斯安息,莫不皆然。今西藏有坐牀喇嘛掌全國大政,仍是此制。歐洲自羅馬教皇與後其權常駕各國君主而上之,而俄羅斯皇今猶兼希臘教學之徽號,其政務大臣柄權最重。此實牛開民族之通例也。 中國宗教之臭味不深雖無以教權侵越政權之事,而學術思想亦常為祝之所掌焉。周官「春官」一篇皆此職之支與流裔也。魯侯與曹劌論戰首稱犧牲玉帛之必信,隨侯將戰楚首言牲牷肥腯粢盛豐備蓋以為祭祀之事與國家之安危大有關係焉其他百事皆聽命於神,不待言也。二曰司曆之祝,主揣摩天之思想以應用於人事者也。三皇之時命南正重司天以屬神,北正黎司地以屬民。堯

與「乃命羲和欽若昊天曆象日月星辰敬授民時」又曰：「在璿璣玉衡，以齊七政。」蓋司曆之祝，所主者凡三事，一曰協時月正日以便民事也；二曰推終始五德以定天命也；其本於曆學。後世言洪範五行，言讖緯，皆發源於此。三曰占星象卜筮以決吉凶也。漢書藝文志九流略，有陰陽家數術略，有天文曆譜五行蓍龜雜占形法，古代之學術，半屬此類。降及春秋此術猶盛，如神竈梓慎之流，皆以司祝之官為一時君相之顧問。而左傳一書言卜筮休咎占驗災祥者十居七八後人不知人羣初進時之形狀詫其支離誕妄，因以疑左氏之偽託，而不知胚胎時代實以此為學術思想之中心點也讖緯之書亦然緯為真偽今無暇置辨要之必起於春秋戰國時代，而為古學術之代表無可疑也。

二曰史掌人事者也吾中華既天祖並重，而天志則祝司之祖法則史掌之史與祝同權實吾華獨有之特色也重實際故重經驗重經驗故重先

例，於是史職遂爲學術思想之所薈萃。周禮有大史小史左史內史外史六經之中若詩 太史乘輶軒所采 若書若春秋。漢志謂：「左史記言，右史記事。事爲春秋，言爲尚書。」皆史官之所職也；若禮若樂亦史官之支裔也故欲求學者不可不於史官求之周任史佚也，楚之左史倚相也老聃之爲柱下史也孔子適周而觀史記也就魯史而作春秋也蓋道術之源泉皆在於史史與祝皆世其官，史之世官，至漢猶然，司馬談司馬遷，最著者也。若別爲一族者然蓋當時竹帛不便學術之傳播甚難非專其業者不能盡其長也。而史之職，亦時有與祝之職相補助者蓋其言吉凶禍福之道祝本於天以推於人史鑒於古以措於今故漢志謂道家出於史官而陰陽讖緯家言，亦常有與史相通者。要而論之胚胎時代之學術思想全在天人相與之際；而樞紐於兩者之間者，則祝與史皆有力也今列其系統如下：

學術思想
（天人相與）
一、祝官（天事）
　甲、司祀之祝
　乙、司曆之祝
　　子、曆象家（即天文學）
　　丑、曆數學（即陰陽家）
　　寅、占驗家（方術之言）
二、史官（人事）
　甲、志事的史家（儒家之祖）
　乙、推理的史家（道家之祖）

此外尚有醫官樂官亦於當時學術思想頗有關係但所關者只在一部分，而非其全體也故略之不別論。古之醫者必兼巫，故古醫字作毉。黃帝內經有祝由科，然則醫實祝之附庸也。樂與詩同體。詩蒙於太史，樂官亦稱醫史，然則樂實史之附庸也。

吾於此章之末，欲更有一言，即當知此時代之學術思想，爲貴族所專有，而不能普及於民間是也。吾華階級制度至戰國而始破若春秋以前常有如印度所謂「喀私德」Castes 中世印度分人爲四種，最上者稱婆羅門，其次爲刹利，其次爲毘舍，最下者爲首陀陀，不許互通婚。

歐羅巴所謂「埃士忒德」Estates（歐人大率分僧侶，貴族，公民，奴隸，四種。）者。蓋上流人士，握一羣之實權不獨政治界爲然而學術思想界尤其要者也加以文字未備典籍難傳交通未開（指舟車來往筆言）流布尤窒故一切學術非盡人可以自由研究之者，其權固不得不專歸於最少數之人勢使然矣。而此少數之人亦惟汲汲爲保持其舊使勿失墜既無餘裕以從事於新理想，復無人相與討論以補其短而發其榮，此所以歷世二千餘年而發達之效不睹也雖然此後全盛時代之學術思想其胚胎皆蘊於此時，如漢書藝文志諸子略（班志全本劉歆七略，故今用其原名。）所述謂——

儒家者流，出於司徒之官。
道家者流，出於史官。
陰陽家者流出於羲和之官。

法家者流,出於理官。

名家者流,出於禮官。

墨家者流出於清廟之守。

縱橫家者流出於行人之官。

雜家者流出於議官。

農家者流出於農稷之官。

小說家者流出於稗官。

雖其分類未能盡當其推原所出,亦非盡有依據,要之古代世官之制行學術之業專歸於國民中一部一族,非其族者不能與聞,非在官者不獲從事此不惟雜處。又曰:士之子恆爲士,農之子恆爲農。蓋古俗然也。古者以官爲氏,如祝氏,史氏,樂正氏,倉氏,庾氏等,皆由世業之故。管子稱士有士之鄉,農有農之鄉,工商有工商之鄉,不可使

中國爲然卽各國古代亦莫不皆然者也中世歐羅巴學術之權皆在敎會,

迨十五世紀以後教會失其專業人人得自由講習，而新文明乃生。論者或以窒抑多數之民智爲教會詬病，而不知當中世黑暗時代苟無教會以延一綫之光明，恐其墮落更有甚者，而後起之人益復無所憑藉也。然則知人論世其功與過又豈可相掩耶？觀胚胎時代之學術思想亦如是矣。

第三章　全盛時代

第一節　論周末學術思想勃興之原因

全盛時代以戰國爲主而發端實在春秋之末。孔北老南對壘互峙，九流十家繼軌並作，如春雷一聲萬綠齊茁於廣野如火山午裂熱石競飛於天外壯哉盛哉非特中華學界之大觀抑亦世界學史之偉蹟也。求其所以致此之原因蓋七事焉：——

一、由於蘊蓄之宏富也。人羣初起，皆自草昧而進於光華文明者，非一手一足所能成非一朝一夕所可幾也。傳記所載黃帝堯舜以來文化已起，然史公猶謂搢紳難言焉觀夏殷時代質樸之風猶且若此則唐虞以前之文明，概可想矣。<small>凡人羣進化之公例，必由行國進而為居國，由漁獵進而為畜牧，由畜牧進而為耕桑。殷自成湯以至盤庚，凡五遷其都，蓋尚未能脫行國之風焉。孟子頌周公之功，則曰兼夷狄，驅猛獸；；詩美宣王之德，則以牛羊蕃息。蓋殷周以前，尚未盡成居國成農國也。</small>及文王化被南國武周繼起，而中央集權之制大定威儀三千周官三百，<small>漢學家言禮儀，周禮也；威儀，儀禮也。</small>孔子歎之曰：「周監於二代郁郁乎文哉！吾從周」自幽岐以至春秋又數百年，休養生息遂一脫蠻野固陋之態觀於左傳列國士大夫之多才藝嫻文學者所在皆然矣積數千年民族之腦精遞相遺傳遞相擴充其機固有磅礴鬱積一觸即發之勢而其所承受大陸之氣象與兩河流之精華機會已熟則沛然矣此固非島夷谷民崎嶇偪仄者之所能望也此其一。

中國古代學術思想變遷史

一、由於社會之變遷也。由堯舜至於周初,由東遷至於春秋之末其間固劃然分為數時代其變遷之跡,亦有不可掩者雖然,其跡不甚著,而史傳亦不詳焉獨至獲麟以後迄於秦始實為中國社會變動最劇之時代,上自國土政治下及人心風俗皆與前此截然劃一鴻溝,亭顧林曰知錄云:自左傳之終,以至戰國,凡百三十三年,史文闕軼。考古者為之茫昧。如春秋時猶尊禮重信,而七國則絕不言禮與信矣;春秋時猶宗周王,而七國則絕不言王矣;春秋時猶嚴祭祀、重聘享,而七國則無其事矣;春秋時猶論宗姓氏族,七國則無一言及矣;春秋時猶宴會賦詩,而七國則不聞矣;春秋時猶有赴告策書,而七國則無有矣。邦無定交,士無定主,此皆變於一百三十三年之間,史之闕文,而後人可以意推者也。不待始皇并天下,而文武之道已盡矣。而其變動之影響〔二〕皆波及於學術思想界蓋閥閱之階級一破,前此為貴族世官所壟斷之學問,一舉而散諸民間,遂有秦失其鹿天下共逐之觀。歐洲十四五世紀時,學權由敎會散諸民間,情形正與此同,此近世文明所由開也。周室之勢既微其所餘虛文儀式之陳言,不足以範圍一世之人心,遂有河出伏流一瀉千里之概此其二

一、由於思想言論之自由也。凡思想之分合常與政治之分合成比

例，國土隸於一王，則敎學亦定於一尊勢使然也。周室爲中央一統之祖，當其盛也，威權無外，禮記王制所載作左道以惑衆殺作奇技淫巧以疑衆殺行僞而堅言僞而辯學非而博順非而澤以疑衆殺蓋思想言論之束縛甚矣。周既不綱，權力四散，游士學者各稱道其所自得以橫行天下，不容於一國則去而之他而已，故仲尼干七十二君墨翟來往大江南北荀卿所謂「無置錐之地而王公不能與之爭名在一大夫之位則一君不能獨畜一國不能獨容」言論之自由至是而極加以歷古以來無宗敎臭味，先進學說未深入人心學者盡其力之所及，拓殖新土無罣無礙豈所謂多闢從魚躍天空任鳥飛者耶。莊子曰天下大亂賢聖不明道德不一學者多得一察焉以自好。天下篇 孟子曰聖王不作諸侯放恣處士橫議蓋政權之聚散，影響於學術思想者如是其甚也此其三。

中國古代學術思想變遷史

一、由於交通之頻繁也

泰西文明發生，有三階級其在上古則腓尼西亞，以商業之故常周航於地中海之東西南岸運安息埃及之文明以入歐羅也；其在中世則十字軍東征亘二百年，阿剌伯人西漸威懾歐陸由直接間接種種機會以輸入巴比倫猶太之舊文明與隋唐時代之新文明也；其在近世則列國並立會盟征伐常若比鄰彼此觀感相摩而善也由此觀之，安有不藉交通之力者乎？交通之道不一或以國際<small>各國交涉，日本名為國際，取孟子交際何心之義，最為精善</small>，今從之。或以力征，或以服賈或以游歷要之其有益於文明一也。春秋戰國之時兼併盛行互相侵伐其軍隊所及自濡染其國政教風教之一二，歸而調和於其本邦征伐愈多則調和愈多而一種新思想自不得不生其在平時則聘享交際之道常為國家休戚所關，<small>當時羣雄割據，大國欲籠絡小國以自雄，小國則承大國以求保護，故其交際皆甚重要，非如周初朝覲，貢獻方物，循行故事而已。</small>故各國皆不得不妙選人才以相往來若相鼠茅鴟之不知將辱國

體而危亡隨之矣。其膚交通之任者，既國中文學最優之士及其游於他社會自能吸取其精英齎之歸以爲用。如韓宣子聘魯而見易象春秋吳季札聘上國而知十五國風皆其例也。而當時通商之業亦漸盛豪商巨賈往往與士大夫相酬酢，如鄭商弦高能以身救國子貢廢著鬻財於曹魯之間，結駟連騎以聘享諸侯所至國君無不分庭與之抗禮而陽翟大賈呂不韋至能召集門客著呂氏春秋蓋商業之盛通爲學術思想之媒介者亦不少焉。若夫縱橫捭闔之士專以奔走游說爲業者又不待言矣故數千年來交通之道，莫盛於戰國此其四

一、由於人材之見重也　一統獨立之國，務綏靖內憂，馴擾魁桀不羈之氣，故利民之愚並立爭競之國務防禦外侮動需奇材異能之徒，故利民之智此亦古今中外得失之林哉。衰周之際兼併最烈時君之求人才載饑

載渴，又不徒獎厲本國之才而已且專吸他國者而利用之蓋得之則可以為雄失之且恐其走胡走越以為吾患也。秦迎孟嘗而齊王速復其位，商鞅去國而魏遂弱於秦游士之聲價重於時矣貴族階級摧蕩廓清布衣卿相之局遂起，（貴族階級最為文明之障礙，中國破此界最早，是亦歷史之光也。）士之欲得志於時者莫不研精學問標新領異以自取重雖其中多有勢利無恥者固不待言而學問以辨而明思潮以摩而起道術之言遂徧於天下此其五。

一、由於文字之趨簡也。　中國文字衍形不衍音故進化之難原因於此者不少但衍行之中亦多變異而改易最劇者惟周末為甚倉頡以來所用古籀象形之文十而八九近世學者搜羅商周鐘鼎其字體蓋大略相類；至秦皇刻石而大變焉矣。說文序云：「諸侯立政分為七國言語異聲文字異形。秦始皇帝初兼天下丞相李斯乃奏聞之罷其不與秦文合者」然則

當時各國各因所宜，隨言造文，轉變非一，故今傳墨人楚辭所用字，往往與北方中原之書互相出入漢書藝文志謂「秦始造隸書起於官獄多事苟趨省易。」其實日趨簡易者人羣進化之公例積之者已非一日而必非秦所能驟創也文字既簡則書籍漸盛墨子載書五車以游諸侯莊子亦言惠施多方其書五車學者之研究日易而發達亦因之以速勢使然也此其六。

一、由於講學之風盛也　前此學術，既在世官，則非其族者不敢希望。及學風興於下則不徒其發生也驟而其傳播也亦速凡創一學說者，輒廣求徒侶傳與其人；而千里負笈者，亦不絕於道。孔子之弟子三千墨子之鉅子徧於宋鄭齊之間孟子後車數十乘從者數百人許行之徒數十人捆屨織席以為食蓋百家莫不皆然矣。此實定哀以前之所無也故一主義於此一人倡之百人從而和之一人究其端而百人揚其華安得而不昌明也此

其七。

此七端者能盡其原因與否吾不敢言，要之略具於是矣全盛時代之所以為全盛豈偶然哉豈偶然哉！

第二節　論諸家之派別

先秦之學，既稱極盛則其派別，自千條萬縷，非易論定今請先述古籍分類異同之說，而別以鄙見損益之。

古籍中記載最詳者為漢書藝文志，其所本者為劉歆七略也篇中諸子略，實為學派論之中心點；而兵書略術數略方技略亦學術界一部之現象也。今舉諸子略之目如下凡為十家亦稱九流。_{小說家不在九流之下。}

一儒家　二道家　三陰陽家　四法家　五名家

六墨家　七縱橫家　八雜家　九農家　十小說家

又史記太史公自序述其父司馬談論六家要指，凡六家：

一陰陽家　二儒家　三墨家　四名家　五法家　六道德家

諸子書中論學派者以荀子之非十二子篇莊子之天下篇為最詳。荀子所論凡六說十二家：

一它囂魏牟　二陳仲史鰌　三墨翟宋鈃　四慎到田駢　五惠施，鄧析　六子思孟軻

莊子所論凡五家並己而六：

一墨翟禽滑釐　二宋鈃尹文　三彭蒙田駢慎到　四關尹老聃　五莊周　六惠施

以上四篇皆專論學派者也其他各書論及者亦不尠孟子則以楊墨

三一

並舉，又以儒墨楊並舉；韓非子顯學篇，則以儒墨並舉，又以儒墨楊老並舉；史記則以老子韓非合傳，而孟子荀卿傳中附論騶忌騶衍淳于髡愼到環淵接子田駢騶奭公孫龍劇子李悝尸子長盧吁子以及墨翟焉。

四篇之論，荀子最為雜亂。荀子北派之鉅子也，故所列十二家皆北人而南人無一焉。以老子楊朱之學，如此其盛乃缺而不舉遺憾多矣！西方之學，亦云一及。且所論者除墨翟惠施之外皆非其本派中之祖師也。若乃子思孟軻本與荀同源，而其強辭排斥與他子等蓋荀卿實儒家中最狹隘者也，非徒崇本師以拒外道亦且尊小宗而忘大宗，雖謂李斯坑儒之禍發於荀卿亦非過言也。故其所是非，殆不足採。李斯坑儒，所以排異己者，實荀卿狹隘主義之毅也。

相者也，既列儒家於九流則不應別著六藝略，旣崇儒於六藝何復夷其子孫以儕十家其疵一也。縱橫家毫無哲理；小說家不過文辭；雜家旣謂之雜

矣,豈復有家法之可言而以之與儒道名法墨等比類齊觀,不合論理,其疵二也。農家固一家言也但其位置與兵商醫諸家相等農而可列於九流也則如孫吳之兵計然白圭之商扁鵲之醫,亦不可不爲一流今有兵家略方使略在諸子略之外於義不完其疵三也諸子略之陰陽家與術數略界限不甚分明,其疵四也故吾於班劉之言亦所不取莊子所論推重儒墨老三家,頗能絜當時學派之大綱。天下篇前一段所謂內聖外王之學者,指儒家也;宋鈃尹文,墨派也;彭蒙田駢愼到,老派也;莊子本身老派也;惠施名家言,亦與墨子大取小取等篇相近,近於墨派也。篇中一唱三嘆者,惟孔墨老三家,實能知學界之大勢也。然猶有漏略者,太史公司馬談之論則所列六家,五雀六燕輕重適當皆分雄于當時學界中旗鼓相當者也分類之精以此爲最雖然欲以觀各家所自起及其精神之所存則談之言猶未足焉耳。今請據羣籍審趨勢自地理上民族上放眼觀察而證以學說之性質製一先秦學派大勢表如左:——

先秦學派
├─ (一) 北派
│   ├─ (甲) 鄒魯派（北派正宗）孔子 孟子 荀卿及其他儒徒
│   ├─ (乙) 齊　派（北東派）管子 鄒衍及其同派
│   ├─ (丙) 秦晉派（北西派）申不害 商鞅 韓非 李悝
│   └─ (丁) 宋鄭派（北南派）墨翟 宋牼及其他墨徒 鄧析 惠施及其同派
└─ (二) 南派
    ├─ (南派正宗) 老子 莊子 楊朱 列子 及其他老徒
    └─ (南派支流) 許行 屈原

欲知先秦學派之眞相，則南北兩分潮，最當注意者也。凡人羣第一期之進化必依河流而起，此萬國之所同也。我中國有黃河揚子江兩大流，其位置性質各殊，故各自有其本來之文明，爲獨立發達之觀，雖屢相調和混合，而其差別相自有不可掩者；凡百皆然而學術思想其一端也。北地苦寒磽瘠謀生不易，其民族銷磨精神日力以奔走衣食維持社會猶恐不給無餘裕以馳騖於玄妙之哲理，故其學術思想常務實際切人事貴力行重經驗，而修身齊家治國利羣之道術最發達焉，惟然故重家族以族長制度爲政治之本，封建與宗法，皆族長政治之圓滿者也。敬老年尊先祖，隨而崇古之念重保守之情深，排外之力強則古昔稱先王內其國外夷狄重禮文繁親愛守法律畏天命此北學之精神也。南地則反是：其氣候和其土地饒，其謀生易其民族不必惟一身一家之飽煖是憂，故常達觀於世界以外；初而輕世，既而玩世，既而厭

世；不屑屑於實際故不重禮法不拘拘於經驗故不崇先王又其發達較遲，中原之人常鄙夷之謂爲蠻野故其對於北方學派有吐棄之意有破壞之心；探玄理出世界齊物我平階級輕私愛厭繁文明自然順本性此南學之精神也今請兩對照比較以明其大體之差別列表如下：

北派崇實際　　　　　　南派崇虛想

北派主力行 動主　　　　南派主無爲 靜主

北派貴人事　　　　　　南派貴出世

北派明政法　　　　　　南派明哲理

北派重階級 中庸曰：親親之殺，尊賢之等，禮所生也。　　南派重平等 如莊子齊物，許行並耕之論。

北派重經驗　　　　　　南派重創造

北派喜保守 孔子曰：非先王法服不敢服，非先王法行不敢行。

北派主勉強 勉強者，節性也。書曰：勉強學問，勉強行道。孔子曰：克己復禮為仁。

北派畏天 孔子曰：畏天命。

北派言排外

北派貴自強

古書中言南北分潮之大勢者亦有一二焉。中庸云：寬柔以教，不報無道，南方之強也衽金革死而不厭，北方之強也。孟子曰：陳良，楚產也，悅周公仲尼之道，北學於中國北方之學者未能或之先也是言南北之異點彰明較著者也。要之此全盛時代之第一期，實以南北兩派中分天下北派之魁厥惟孔子南派之魁厥惟老子孔學之見排於南猶老學之見排於北也。試

南派喜破壞 老子曰：絕聖棄智，民利百倍；絕仁棄義，民復孝慈。

南派明自然 自然者，順性也。莊子山木之喻，渾沌致之喻，皆其義也。

南派任天 老子曰：天地不仁，以萬物為芻狗。

南派言無我

南派貴謙弱

三七

觀孔子在魯衞齊之間所至皆見尊崇;乃至宋而畏矣至陳蔡而阨矣宋陳蔡皆鄰於南也;及至楚則接輿歌之,丈人揶揄之長沮桀溺目笑之,無所往而不阻焉皆由學派之性質不同故也。北方多憂世勤勞之士,孔席不煖,墨突不黔栖栖者終其身爲南方則多棄世高蹈之徒,接輿丈人沮溺皆汲老莊之流者也蓋民族之異性使然也。

孔老分雄南北而起於其間者有墨子焉。墨亦北派也,顧北而稍近於南。墨子生於宋宋南北要衝也故其學於南北各有所採而自成一家言其務實際貴力行也實原本於北派之真精神而其刻苦也過之但其多言天鬼,頗及他界肇創論法漸闢哲理力主兼愛首倡平等蓋亦被南學之影響焉。故全盛時代之第二期以孔老墨三分天下。孔老墨之盛,非徒在第二期而已直至此時代之終其餘波及於漢初猶有鼎足爭雄之姿。今爲三(詳見第三章)

大宗表示其學派勢力之所及如下：

```
                  ┌─ 小康一派
                  ├─ 大同一派
                  ├─ 天人相與一派
          ┌ 孔學 ─┼─ 心性一派
          │      ├─ 考證一派
          │      └─ 記纂一派
三宗 ─────┤
          │      ┌─ 哲理一派
          └ 老學 ┼─ 厭世一派
                 └─ 權謀一派
```

小康一派　春秋據亂世升平世之義，以法治國，以禮舉民，故法家言亦頒出於此相，其的傳為荀卿，而李克李悝等之治術，亦多本焉。漢初賈誼鼂錯，皆汲其流。此派之傳晟永。

大同一派　春秋太平世之義，傳諸子游，以為仲尼子游，秦制多本焉。子思孟子云：以為仲尼子游，實由子游孟子以受於孔子也。此派為荀派所斥，蓋荀子大昌明之。可見子思孟子之學，實攻荀子非十二子篇，至秦而絕。

天人相與一派　此派亦春秋之學，以緯書為論宗，齊派即北東派，之流裔也。以緯書為論宗，齊派即北東派，多由此出，至漢代而極盛。董子及其餘今文家言，皆其子孫也。蓋九流所謂陰陽家者，此派

心性一派　此派出於易與洪範，衍為宋明學。孟子荀子皆由此派所出。

考證一派　孔子祖述憲章，徵夏禮殷禮於杞宋，讀易韋編三絕，蓋於考證古書三致意焉。北派之重經驗，崇前古，勢則然也。此派亦荀卿受之漢，興六經，皆荀卿所傳。衍為東漢初唐注疏之學。其末流盛於清朝乾嘉間。

記纂一派　孔子因魯史記作春秋，左邱明採國語以為之傳，故孔學之興，亦相因而至者也。太史公以紹述孔學自命，其作史記，即受此道德家言之正宗也。莊列傳之。大盛於魏晉間。

哲理一派　凡游心空理者，必厭離世界，楚狂沮溺之徒，皆汲老學之流也，後世逸民傳中人，皆屬此派。

權謀一派　老學最毒天下者，權謀之言也，非以明民，將以愚民；非以利之，將欲取之，必先與之。此為老學入世之本。故縱橫家言，實出於是。韓非子有解老等篇，史公以老韓合傳，最得真相。此派極盛於戰國之末矣。

```
         ┌ 縱樂一派    楊朱傳之，數千年來，日盛一日。
         │
         │ 神祕一派    谷神玄牝流沙化胡，蓋必有所受焉。後衍爲神仙方術家言，盛於秦漢。復爲符籙丹鼎之學，盛於漢三國六朝。
         │
         │ 兼愛一派    此墨學正宗也。禽滑釐等爲鉅子。宋牼尹文，祖述之者極盛。
墨學 ────┤ 游俠一派    戰國之末爲務，皆此學之盛也。自戰國以至漢初，此派極盛，莊子天下篇，言南方之墨者，以堅白同異之論相訾，以觭偶不仵之辭相應。
         │              凡兼愛者必惡公敵，除害馬乃所以愛馬也，故墨學衍爲游俠之風。楚之攻宋，墨子之徒赴其難而死者七十二人，皆非有所爲也，而爲也，實皆墨徒之流，朱家郭解之流，實皆墨徒也。
         │
         └ 名理一派    墨子經說上下大取小取等篇，多名家言，此派極盛，方之墨者，以堅白同異之論相訾，以觭偶不仵之辭相應。
```

此其大略也雖然吾非謂三宗之足以盡學派也，又非如俗儒之牽合附會，欲以當時之學派盡歸納於此三宗也，不過示其勢力之盛及拓殖之廣云爾。請更論餘子。

南北兩派之中，北之開化先於南，故支派亦獨多。陰陽家言，胚胎時代祝官之遺也；法家言遠祖周禮而以管子爲繼別之大宗，申商爲繼禰之小宗，及其末流面目大殊焉爲名家言最後起，而常爲諸學之媒介者也。孔老墨

四〇

而外,惟此三家,蔚爲大觀巍然有獨立之姿;而三家皆起於北方。此爲全盛時代第三期。

齊海國也;上古時代,我中華民族之有海思想者厥惟齊,故於其間產出兩種觀念焉:一曰國家觀,二曰世界觀。國家觀衍爲法家,世界觀衍爲陰陽家。自管仲藉官山府海之利,定霸中原銳意整頓內治使成一「法治國」Rechtsstaf 之形管子一書實國家思想最深切著明者也但其書必非管子所自作,殆戰國時其後輩所纂述要之此書則代表齊國國風及威宣之世而騶衍之徒與史記稱「衍深觀陰陽消息,而作終始大聖之篇十餘萬言其語閎大不經必先驗小物推而大之至於無垠先序今以上至黃帝學者所共術並世盛衰因載其禨祥制度,推而遠之,至天地未生窈冥不可考而原也先列中國名山大川通谷禽獸水土所殖物類所珍因而推

之，及海外人之所不能睹，稱引天地剖判以來，五德轉移治各有宜，而符應若茲。以爲儒者所謂中國者，於天下乃八十一分之一耳。中國名曰赤縣神州，赤縣神州內自有九州，禹之序九州是也，不得爲州數。中國外如赤縣神州者九，所謂九州也，於是乃有裨海環之。如此者九，乃有大瀛海環其外焉。

史記孟子荀卿列傳 騶衍所撰先驗小物，推而大之，近世泰端達爾文諸賢能開出瀰天蓋地之大學說者，皆特此術也。

此其思想何等偉大，其推論何等淵微，非受海國感化者孰能與於斯！騶子之徒導之也。此爲齊派（北東派）之兩大家齊派之能獨立於鄒魯派芽時代，豈能以今日我輩數千年後之眼識訾議之耶？騶子既沒，而稷下先生數百輩猶演其風。及秦漢時，遂有渡海求蓬萊之事。徐福之開化日本皆以外也大國則然也海國則然也。雖其以陰陽爲論根，未免失據然萌

秦黃族先宅之地，而三皇所迭居也控山谷之險，而民族強悍，故國家

主義,亦最易發達。戰國之末諸侯游士輻輳走集,秦一一揖而出之,故其時西方之學術思想爛然光燄萬丈有睥睨北南東而凌駕之之勢申不害,韓產也;商鞅魏產也。三晉地勢與秦相近法家言勃興於此間而商鞅首實行之以致秦強迨於韓非以山東功利主義與荊楚道術主義合爲一流李斯復以儒術緣附之;而李克李悝等亦兼儒法以爲治者也;於是所謂秦晉派(北西派)者與秦晉派實前三派之合體而變相者也。

宋鄭東西南北之中樞也其國不大,而常爲列強所爭故交通最頻繁焉,於是墨家名家起於此間。墨家之性質前既言之矣。而墨翟亦名學一宗師也。名家言起於鄭之鄧析而宋之惠施及趙之公孫龍大昌其名家言者,其繁重博雜似北學其推理俶詭似南學其必起於中樞之地而不起於齊魯秦晉荊楚者地勢然也其氣象頗小無大主義可以眞自立其不起於大

四三

國，而必起小國者亦地勢然也。此齊秦晉宋鄭之三派者觀其大體，自劃然活現北學之精神而必非南學之所得而混也。地理與文明之關係其密切而不可易有如此者豈不奇哉！

南派之老莊尙矣，而楊朱亦老學之嫡傳也。<small>楊子居爲老子之徒見莊子</small>楊氏之爲我主義，縱樂主義實皆起於厭世觀，列子楊朱篇引其學說曰：「世事苦樂古猶今也，變易治亂古猶今也既聞之矣，既更之矣，百年猶厭其多而況久生之苦也乎！」又曰：「生則堯舜死則腐骨生則桀紂死則腐骨腐骨一矣孰知其異！」蓋其厭世之既極任自然之既極，乃覺除爲我主義縱樂主義而生者迥所可事。此其與近世邊沁彌兒等之爲我派快樂派，由功利主義而立於正反對殊科矣。故北學之有墨南學之有楊，皆走於兩極端之極點，而立於正反對之地位。楊之於老得其體而並神其用，楊學之幾奪老席非偶然也。故楊氏

不可不列於大家而論之。

許行亦南學一代表也但其流傳甚微,非惟學說不見於他書,即其名亦除孟子外未有稱述之者雖然其所持理論頗與希臘柏拉圖之共產主義及近世歐洲之社會主義(Socialism)相類,蓋反對北人階級等殺之學說矯枉而過其直者也至其精神淵源於老學固自有不可掩者老氏以初民之狀態爲羣治之極則,故其言曰郅治之極鄰國相望雞犬之聲相聞民各甘其食美其服安其業樂其族至老死不相往來此正南方沃土之民之理想,而北人所必無者也北方政論主干涉主義；南方政論主放任主義此兩主義者在歐洲近世互相沿革互相勝負而其長短得失至今尚未有定論者也。

社會主義與無政府主義相類,而亦不盡同。社會主義者,溺平等博愛之理論,而用之過其度者也。

十八世紀以前重干涉主義,十八世紀後半十九世紀前半重放任主義,近則復趨於干涉主義。英國,放任主義之代表也；德國,干涉主義之宗師也。格蘭斯頓,放任主義之實行者也；比斯麥,干涉主義之實行者也。盧梭,放任主義之宗師也；伯倫知理,干涉主義之宗師也。

保民牧民皆干涉也

南方政論主放任主義

而許行實

放任主義之極端也吾甚惜其微言之湮沒而不彰也！漢志農家者流，殆卽指許行一派不足爲一家言也。又按許行一派，亦兼有墨家主義，殆南而稍染北風也？但墨主干涉，而許主放任，其精神自異。若僅以李克盡地力者當之，似

屈原，文豪也，然其感情之淵微設辭之瑰偉，亦我國思想界中一異彩也。屈原以悲憫之極不徒厭今而欲反之古也乃直厭俗而欲游於天試讀離騷自「跪敷衽以陳詞兮」至「哀高丘之無女」一段自「靈氛既告余以吉占兮」至「蜷局顧而不行」一段徒見其詞藻之紛綸雜遝其文句之連犿佹詭而不知厭世主義之極點也。九歌天問等節蓋猶胚胎時代之遺響焉。南人開化後於北人進化之跡歷歷可徵也。屈原生於貴族故其國家觀念之強盛與立身行己之端嚴頗近北派；至其學術思想純乎其南風也。此派後入漢而盛於淮南淮南雖謂聞三閭之說法而成道可也。

以上皆各派分流之大槪也北派支流多而面目各完南派支流少而

體段未具;固由北地文明之起先於南,亦緣當時載籍所傳,北詳南略,故南人之理想殘缺散佚而不可觀者尚多多也。

諸派之初起皆各樹一幟,不相雜廁及其末流,則互相辨論,互相薰染,往往與其初祖之學說相出入而旁採他派之所長以修補之。故戰國之末,實爲全盛時代第四期,亦名之混合時代,殆全盛中之全盛也。其時學界大勢有四現象:一曰內分,二曰外布,三曰出入,四曰旁羅。四者皆進步之證驗耳。所謂內分者,韓非子顯學篇云:「自孔子之死也,有子張之儒,有子思之儒,有顏氏之儒,有孟氏之儒,有漆雕氏之儒,有仲梁氏之儒,有孫氏之儒[荀即]有樂正氏之儒;自墨子之死也,有相里氏之墨,有相夫氏之墨,有鄧陵氏之墨。故孔墨之後,儒分爲八,墨離爲三。」而荀子非十二子篇亦云:「子游氏之賤儒,子夏氏之賤儒,子張之賤儒」莊子天下篇云:「相里勤[即韓非子所]

之弟子，五侯之徒南方之墨者苦獲已齒倍譎不同相謂別墨以堅白同異之辨相訾以觭偶不仵之辭相應」觀此可見當時各派分裂之大概矣。自餘諸流雖其支派不甚可考要之必同此現象無疑也後世曲儒，或以本派分裂為道術衰微不知學派之為物與國家不同國家分爭而遂亡學術分爭而益盛其同出一師而各明一義者正如醫學之解剖，乃能盡其體而無遺也。

鄧陵子之屬，俱誦墨經，而（郭注云二人姓氏也）

所謂外布者各派皆起於本土内力既充，乃務拓殖民地於四方。於斯之時，地理界限漸破有南北混流之觀史記儒林傳云：孔子既沒七十子之徒，散游諸侯故子路居衛澹臺子羽居楚子夏居西河子貢終於齊。西河北西派所領地也；齊北東派所領地也；楚則南派之老營也。孟子曰：陳良楚產也，北學於中國北方之學者未能或之先也。是儒行於南之證也。莊子云南

方之墨者，苦獲已齒鄧陵子之屬，俱誦墨經是墨行於南之證也。慎到趙人，田駢接子齊人，皆學黃老道德之術，見史記孟荀傳 韓非韓人，有解老之篇是老行於北之證也。故其時學術漸進不能以地爲限智識交換之途愈開，而南北兩文明與接爲構故蒸蒸而日向上也。

所謂出入者當時諸派之後學常從其所好任意去就。孟子曰逃墨必歸於楊逃楊必歸於儒，蓋出彼入此恬然不以爲怪也故禽滑釐子夏弟子也，而爲墨家鉅子；莊周田子方弟子也，而爲道家魁桀韓非李斯荀卿之弟子也，而爲法家大成陳相陳良弟子也，而爲農家前驅自餘諸輩不見於載記者當復何限可見其時思想自由達於極點非如後世曖曖昧昧守一先生之言，而尺寸不敢越其畔也。

所謂旁羅者當時諸派之大師，往往兼學他派之言以光大本宗。如儒家者流之有荀卿也兼治名家法家言者也；道家者流之有莊周也兼治儒家言者也；法家者流之有韓非也兼治道家言者也。北南東西四文明愈接愈厲，至是幾將合一爐而冶之。雜家之起於是時亦運會使然也。蘇張縱橫之辨，髡奭稷下之談，其論無當於宏旨其義不主於一家，蓋承極盛之後，見雜博取材贍宏。秦相呂不韋至集諸侯游客作八覽六論十二紀兼儒墨，合名法綜道德齊兵農，實千古類書之先河，亦一代思想之淵海也。故全盛時代第四期列國之國勢，楚齊秦三分而終幷於秦，思想界之大勢亦楚齊秦鼎力而匯合於秦。今請更列一時期變遷表如下：

第一期兩派｛北派　南派

第二期三宗｛孔學　老學　墨學

第三期六家｛儒家　墨家　名家　法家　陰陽家──北派　道家──南派

第四期 分裂
混合

儒家—子夏子弓曾子—子思—田子方—孟子—荀卿
道家—莊周、楊朱、禽滑釐
墨家—鄧陵子（苦獲、已齒）
名家—公孫龍（惠施）
法家—韓非、李斯
農家—許行
雜家—(陳)稷下派、(南)鬼谷派、(西)呂覽派

（縱橫家）

五二

當時所極盛者，不徒哲理政法諸學而已，而專門實際之學，亦多起乎其間。其一曰醫學。黃帝內經素問考古者定為戰國時書，蓋非誣也。最名家者為扁鵲，其術能見五藏癥結，蓋全體之學精也，能割皮解肌，訣脈結筋，搦髓腦，揲荒爪幕，湔浣腸胃，則解剖之學明也。其二曰天算。周髀算經九章算術，亦衍於戰國。管子有地員篇，是知地圓之理也；緯書言地有四游，是知地動之理也。漢張衡有地動儀 其名家之人不能止之，其三曰兵法學。孫武子一書兵學之精神備焉，雖拿破侖之用兵，不能出其範圍也；而吳子司馬法，亦有淵源。其四曰平準學。日本所謂經濟學 計然之策七，范蠡用其五於越國，而霸諸侯，既施諸國，乃用諸家三致千金焉。白圭樂觀時變，嘗自言吾之治生也，猶伊尹呂尚之謀，孫吳用兵，商鞅行法，是故其智不足以權變，勇不足以決斷，仁不能以取予，強不能有所守，雖欲學吾術，終不告之矣。俱見史記貨殖傳 是皆深通平準學，技

五三

而進乎道者也。

此外則尚有史學,亦頗發達。史學蓋原於胚胎時代,至此乃漸成一家言者。太史公屢稱左邱失明厥有國語,而春秋左氏傳一書爛然為古代思想之光影焉。漢志有鐸氏春秋楚人鐸椒之著也有虞氏春秋趙人虞卿之著也。其書今佚。其或為記事之書,如左氏傳;或為解經之書,如公羊穀梁傳;;或為纂述之史,如呂氏春秋;;皆不可考。此亦史學思想萌芽之徵也。

其時光燄萬丈者,尤在文學文學亦學術思想所憑藉以表見者也,屈宋之專門名家者勿論。而老墨孟荀莊列商韓亦皆千古之文豪也文學之盛衰,與思想之強弱常成比例,當時文家之盛,非偶然也。

以上所列各派之流別,略具矣但有附庸諸家不能徧論者,今請列其總目如下。

孔子　老子　墨子　管子 _{戰國時人纂集}　晏子 _{戰國時人纂集,漢志列於儒家。}　孟子　荀卿

或雖非大家,而有著書者,亦列之;;或雖無著書,而為他書所稱述者,亦列之。

關尹子 列子或云依託 莊子 文子採集本，或云依託。 鶡冠子楚人，居深山，以鶡為冠，其書今採集本。

集本，或云依託。其書今採集本。

孫武子

　以上其書今存列於四庫總目者。其四庫不載，而近世採集成本通行者數種亦附焉。

子思二十三篇 曾子十八篇 漆雕子十三篇 宓子十六篇名不齊孔子弟子

景子三篇漢志原註云：說宓子語，似其弟子。 世子二十一篇名碩 魏文侯六篇 李克七篇子夏弟子

公孫尼子二十八篇 晏子十八篇名嬰 寗越一篇 公孫固一篇

董子一篇原注云：名無心，雖墨子。 徐子一篇原注云：宋外黃人。 魯仲連子十四篇 平原君

七篇 虞氏春秋五十篇卿虞 （以上儒家者流）

蜎子十三篇原注云：名淵，楚人，老子弟子。 老成子十八篇 長盧子九篇楚 王狄子

申子採集本 鬼谷子或云依託 鄧析子採集本 尹文子 惠子採集

商君 韓非子 公孫龍子 尉繚子繚為商君學。劉向別錄云： 尸子名俊，晉人，商君師之

楚辭

一篇 公子牟四篇原注：魏之公子也，先莊子，莊子稱之。 田子二十五篇名駢 老萊子十六篇楚人

黔婁子四篇原注云：齊隱士。（以上道家者流）

鄒子四十九篇又鄒子終始五十六篇原注：名衍，齊人，為燕昭王師。 公孫發二十二篇 黃帝泰素二十篇原注：諸公子所作。 乘丘子五篇國時韓 杜文公五篇原注：六國時。劉向別錄云：韓人也。 鄒奭子十二篇原注：齊人。 馮促十三篇原注：鄭人。

終始十四篇原注：傳鄒奭始終書。 南公三十一篇國時原注：六人，在南公前。 閭丘子十三篇原注：名快，魏

將鉅子五篇原注：六國時在南公前，南公稱之。 （以上陰陽家者流）

李子三十二篇原注：名悝，相魏文侯。 處子九篇（以上法家者流）

毛公九篇原注：趙人，與公孫龍等並游平原君家。 我子一篇 隨巢子六篇 胡非子三篇原注：墨翟弟子云

田俅子一篇原注：先韓子。 （以上墨家者流）

蘇子三十一篇　張子十篇　龐煖二篇原注云：為燕將。（以上縱橫家者流）

伍子胥八篇　子晚子三十五篇原注云：齊人好議兵。（以上雜家者流）

神農二十篇原注云：六國時諸子疾時怠於農業，道耕農事，託之神農。　野老十七篇原注云：六國時。（以上農家者流）

齊孫子八十九篇顏注：孫臏也。　公孫鞅二十七篇　吳起四十八篇　范蠡二篇　大夫種二篇　李子十篇　龐煖三篇　兒良一篇六國時　王孫十六篇原注：圖五卷。　魏公子二十一篇，原注：圖十卷，名無忌。（以上兵書略）

扁鵲內經九卷外經十二卷　白氏內經三十八卷外經三十六卷（以上方伎略）

以上其書今佚見於漢書藝文志者。

它囂見荀子非十二子篇　魏牟同上。漢志，道家之公子牟，疑即是人。　陳仲同上，又見孟子。　史鰌同上。論語作史魚。　宋鈃同上。又見莊子天下篇。孟子作宋牼。　彭蒙見莊子天下篇　許行見孟子　告子見孟子，蓋儒家也。　楊朱贗見孟子莊子，列子有楊朱篇，載其學說。

子莫 見孟子，執中者。墨之中者。

劇子 見史記。索隱云：處閱強記，學無所主。

吁子 見史記，即漢志之芋子也。

淳于髡 見孟子。史記云：博聞強記，學無所主。

秉 見莊子。莊子謂惠施曰：儒墨楊秉四與夫子而五，秉不知其何指。或言：公孫龍，字子秉也。待考。

接子 見史記，齊人。

環淵 見史記，楚人，著上下篇。或云：即漢志之蜎。

白圭　計然 俱見史記

　　以上其名散見羣書無自著書，或有之而不載於漢志者。

綜是觀之偉大哉此時代之學術思想乎！繁賾哉此時代之學術思想乎！權奇哉此時代之學術思想乎謂黃帝子孫而非神明也謂亞洲大陸而非靈秀也噫烏克有此！嘻烏克有此！

第三節　論諸家學術之根據及其長短得失（文闕）

第四節　先秦學派與希臘印度學派比較

嗚呼世運之說豈不信哉！當春秋戰國之交豈特中國民智為全盛時代而已蓋徵諸全球莫不爾焉。自孔子老子以迄韓非李斯凡三百餘年九

流百家，皆起於是；幻空往劫，後絕來塵，尚矣試徵諸印度萬教之獅子厥惟佛佛之生在孔子前四百十七年，在耶穌前九百六十八年，此侯官嚴氏所考據也，見天演論下第三章案語之。凡住世者七十九歲佛滅度後六百年而馬鳴論斯與七百年而龍樹菩薩現。馬鳴龍樹，殆與孟子荀卿同時也八百餘年，而無著世親陳那護法諸大德起大乘宏旨顯揚殆罄時值秦漢之交也而波瀾尼之聲論哲學為婆羅門教中興鉅子亦起於馬鳴前百餘年，波瀾尼之學，以言語為道本，頗似五明中之聲明又與柏拉圖之觀念說相類。其時代傳說不同，大率先波騰閣梨二百年。此印度之全盛時期也更徵諸希臘，七賢之中，德黎（Thales）稱首生魯僖二十四年亞諾芝曼德（Anaximander）倡無極說者也生魯文十七年；畢達哥拉（Pythagoras）天算鼻祖，以律呂言天道者也生魯宣間；芝諾芬尼（Xenophanes）創名學者也生魯文七年巴彌匿智（Parmenides）倡有宗者也生魯昭六年；額拉吉來圖（Heraclitus）首言物性，而天演

學之遠祖也,生魯定十三年安那薩哥拉(Anaxagoras)討論原質之學者也,〔顏安二哲皆安息人〕生魯定十年德謨頡利圖(Democritus)倡阿屯論〔即莫破質點之說也〕者也,生周定王九年梭格拉底(Socrates)言性理道德西方之尼也生周元王八年柏拉圖(Plato)論理政術之淵源也生周考王十四年亞里士多德(Aristotle)古代學派之集大成也生周安王十八年。此外則安得臣(Antisthenes)什匿派之大宗倡克已絕欲之教者也生周元間芝諾(Zeno)斯多噶派之初祖而泰西倫理風俗所由出也生周顯三年伊璧鳩魯(Epicurus)幸福主義之初祖師也生周顯二十七年至阿克西拉(Arcesilaus)倡懷疑學派,實爲希臘思想一結束。阿氏生周赧初年卒始皇六年,是時正值中國焚坑之禍將起,而希臘支派亦自茲稍涸矣。由是觀之此前後一千年間,實爲地球有生以來空前絕後之盛運茲三土者地理之相去如此其遼遠

人種之差別如此其殺異,而其菁英之磅礴發洩,如銅山崩而洛鐘應,伶倫吹而鳳凰鳴,嗚呼其偶然耶?其有主之者耶?姑勿具論要之此諸哲者同時以其精神相接搆相補助相戰駁於一世界遙遙萬里之間既壯既劇既熱既切,我輩生其後受其教而食其賜者烏可以不歌舞之!烏可以不媒介之,以地理論則中國印度同為東洋學派,而希臘為西洋學派;以人種論,則印度希臘同為阿利揚族學派,而中國為黃族學派;以性質論則中國希臘同為世間學派,而印度為出世間學派。(希臘之斯多噶派,伊璧鳩魯派,懷疑派,亦講求解脫主義,然猶世間法之解脫也;中國之老莊亦然。)故三者互有其相同之點今請校其長短而偕論之。

(甲) 與希臘學派之比較

(一) 先秦學派之所長

凡一國思想之發達恆與其地理之位置，歷史之遺傳有關係。中國者，大國也；其人偉大之國民也，故其學界全盛之時特優於他邦者自不少。今請舉其五事：

曰國家思想之發達也。希臘有市府而無國家，如雅典斯巴達諸邦，垂大名於歷史者實不過一都會而已；雖其自治之制整然絡不能組織一國如羅馬及近世歐洲列邦，卒至外敵一來而文明之跡隨同市府以共成灰燼者，蓋國家思想缺乏使然也。（柏拉圖亞里士多德皆有功於政治學，而皆不適於造完全之國家。）中國則自管子首以國家主義倡於北東其繼起者率以建國問題為第一目的羣書所爭辯之點大抵皆在此雖孔老有自由干涉之分商墨有博愛苛刻之異然皆自以所信為立國之大原一也中國民族所以能立國數千年，保持固有之文明而不失墜者諸賢與有勞焉矣此其一。

曰，生計（Economy）問題之昌明也。希臘人重兵事，貴文學，而於生計最不屑屑焉，故當時哲學技術皆臻極盛，爲萬世師獨於茲科講論殊少惟芝諾芬尼，亞里士多德嘗著論之而已。而中國則當先秦時此學之昌始與歐羅十六七世紀相頡頏，若管子輕重之篇，孟子井田徹助之制，墨翟務本節用之訓，荀卿養欲給求之論，李悝盡地力之業，白圭觀時變之言，商鞅開墾之令，許行並耕之說，或闡原理，或述作用，或主農穡，或貴懋遷，或倡自由政策，(Free Trade) 即前論所謂<small>孟子：關市譏而不征，則天下之民皆悅，而願藏於其市矣。</small> 或言干涉主義，濟濟彬彬各明一義，蓋由地球生計學<small>稱之不澱學</small>發達之早未有吾中國若者也。<small>余擬著一中國生計史學論，採集前哲所論，以與泰西思說相比較，若能成之，亦一壯觀也。</small>此其二。

曰，世界主義之光大也。希臘人島民也，其虛想雖能窮宇宙之本原，其實想不能脫市府之根性，故於人類全體團結之業，統治之法，幸福之原，未

有留意者。中國則於脩身齊家治國之外又以平天下爲一大問題，如孔學之大同太平，墨學之禁次寢兵，老學之抱一爲式，鄒衍之終始五德大抵向此問題而試研究也雖其所謂天下者非眞天下，而其理想固以全世界爲鵠也斯亦中國之所以爲大也此其三。

大抵中國之所長者在實際問題，在人事問題。就一二特點論之，則先秦時代之中國頗類歐西今日希臘時代之歐西反類中國宋明間也。<small>此不過言其有相類者耳，非指其全體也，讀者勿泥視。</small> 至就全體上論之，則亦有見優者。

曰家數之繁多也。希臘諸哲之名家者凡十餘人其所論問題，不出四五，大抵甲倡一說，而乙則引伸之或反駁之，故其學界爲螺旋形雖千變萬化，殆皆一線所引也中國則地大物博交通未盛學者每閉門造車，出門應轍，常非有所承而後起者也故其學界爲無數平行線形六家九流之門戶，

前既言之矣,而其支與流裔,何啻百數故每一問題,臚其異說,輒纍纍若貫珠然,而問題之多亦冠他界此其四。

曰影響之廣遠也自馬基頓兼併以後,至西羅馬滅亡以前,凡千餘年間,希臘學術之影響於歐洲社會者甚微,蓋由學理深遠不甚切於人事也。先秦學者生當亂世目擊民艱其立論大率以救時厲俗為主與羣治之關係甚密切,故能以學說左右世界以亘於今雖其為益為損,未易斷言要其勢力之偉大殆非他方學界所能及也。此其五。

(二) 先秦學派之所短

不知己之所長則無以增長光大之;不知己之所短則無以採擇補正之。語其長則愛國之言也語其短則救時之言也今請舉中國之缺點一曰論理 Logic 思想之缺乏也凡在學界有學必有問有思必有辯;

斯多噶派,雖與羅馬風俗有影響,然不多也。

論理者，講學界之劍胄也，故印度有因明之教；希臘自芝諾芬尼梭格拉底屢用辯證法，至阿里士多德，而論理學蔚爲一科矣。以此之故，其持論常圓滿周到，首尾相赴，而真理愈析而愈明。中國雖有鄧析惠施公孫龍等名家之言，然不過播弄詭辯，非能持之有故言之成理；而其後亦無繼者。學者著想非不邃奧，論事非不宏廓，但其周到精微，則遠不逮希印二土。以故當時一二爲例：孟子云：「楊氏爲我，是無君也？墨氏兼愛，是無父也」。夫爲我何故與無君同物？兼愛何故與無父同物？孟子所通稱述也，如墨子大取小取等篇中亦往往援爲論柄，但其學終不成一科耳。中國雖生而辭讓亡。（中略）其論法同一，而根據與結斷皆相反，終相持而不能决，皆由無論理以範圍之，不能于對待求真理也。荀子言性惡，謂人之性好利，順是則爭奪墨子天志篇云：然則天亦何欲何惡。（中略）然則何以知天欲義而惡不義？曰天下有義則生，無義則死。（中略）然則天欲其生，而惡其死之理，據墨子不能言也。是其前論之基礎，皆不立矣。中國古書之說理類此者什九，不能徧舉也。大抵西人之著述，必先就其主題立一界說，下一定義，極似循環論法，然究其極際，則，如孔子之言仁言孝，其義亦篡廓而不定，他無論矣。然後循定義以繼說橫說之；中國則不然，坐此之故，之雖有良將健卒而無戈矛甲冑以爲之藉，故以攻不克以守不牢道之不

能光大實由於是推其所以缺乏之由殆緣當時學者務以實際應用爲鵠，而理論之是非不暇措意一也又中國語言文字分離向無文典(Language Grammar)之敎因此措辭設句之法不能分明二也又中國學者常以致人爲任有傳授而無駁詰非如泰西之公其說以待人之贊成與否故不必定求持論之圓到三也此事雖似細故然實關於學術盛衰之大原試觀泰西古代思想集成於阿里士多德近世文明濫觴於倍根彼二人皆以論理學鳴者也後有作者可以知所務矣。

二曰物理實學之缺乏也凡學術思想之發達恆與致科學相乘遠而希臘近而當代有明徵矣希臘學派之中堅爲梭格拉底柏拉圖阿里多德師弟梭派之學殫精於人道治理之中病物理之繁賾高遠而置之其門庭頗與儒法諸家相類但自德黎以來茲學固以大邑而額拉吉來圖德

讀頡利圖諸大師固已潭思入微，為數千年格致先聲，故希臘學界於天道物理人治三者調和均平其獨步古今良有由也。中國大學雖著格物一目，然有錄無書，百家之言雖繁，而及此者蓋寡。其間惟墨子剖析頗精，但當時傳者既微，秦漢以後益復中絕，惟有陰陽五行之僻論跋扈於學界，語及物性則緣附以為辭，怪誕支離不可窮詰，馴至堪輿日者諸左道迄今猶銘刻於全國人腦識之中，此亦數千年學徒墮落之一原因也。

三曰，無抗論別擇之風也。希臘哲學之所以極盛，皆由彼此抗辯折衷，進而愈深，引而愈長，譬有甲說之起，必有非甲說隨起而與之抗甲與非甲辯爭不已，時則有調和二者之乙說出焉；乙說既起，施有非乙一非一爭，又有調和丙說斯立，此論理學中所謂三斷式也。今示其圖如下：

希臘學界之進步全依此式故自德黎開宗以後有芝諾芬尼派之甲說，即有額拉吉來圖之非甲說之與抗對抗不已而有調和派三家之丙說出焉；既有丙說施有懷疑派之非丙說踵起而梭格拉底之丁說出以集其成；梭聖門下有什匿克派之戊說旋有奇黎尼派之非戊說而柏拉圖之己說出以執其中已說既行又有德謨吉來圖之非己說而亞里士多德之庚說更承其後。如是展轉相襲亙數百年青出於藍冰寒於水發揮光大皆此說之由豈惟古代卽近世亦有然矣。﹝記﹞稱舜之大智曰：執其兩端用其中於民。

```
        ┌─ 甲
    ┌─ 非甲
    │   ┌─ 乙
    └─ 非乙
        │   ┌─ 丙
        └─ 非丙
            └─ 丁等
```

有兩端焉有中焉則眞理必於是乎在矣。乃先秦學派非不盛也百家異論非不殺也顧未有堂堂結壘爭鋒相對以激戰者其異同皆無意識之異同也於羣言殽亂之中起而折衷者更無聞焉。宣戰書者矣然其論鋒殊未正對也墨之與楊蓋立於兩極端矣維持調和之者則有執中之子莫子莫誠能知學界之情狀者哉惜其論不傳然以優勝劣敗之理推之其不傳也必其說之無足觀也。

（謂墨者，孔子也，如老墨等羣言則孔子之論敵也；孔子立於甲位，羣言立於非甲位；然則其能折衷之者，必乙也。今乃曰折衷諸甲，有是理耶？苟有精義，他善必當引及，並名氏亦無暗也。後世儒者軍言擊言殽亂衷諸聖，此調言也，乃主奴之見，非所謂折衷也。何以故？彼其所）

若墨子之於孔子可謂下折衷之丙說者必其見地有以過於甲非甲兩家然後可以立於丙之地位，而中國殊不然此學之所以不進也。今勿徵諸遠而徵諸近歐洲當近世之初，倍根笛卡兒兩派對抗者數百年，日耳曼之康德起而折衷之，而斯學益盛，康德固有以優於倍笛二賢者也。中國自宋明以來，程朱陸王兩派對抗

者亦數百年，清朝湯斌等起而折衷之，而斯道轉熄，湯斌固劣於晦庵陽明遠甚也。此亦古今得失之林矣。推其所由大牽論理思想之缺乏實尸其咎。吾故曰：後有作者不可不此之為務也！

四曰門戶主教之見太深也。凡依論理持公心以相辨難者則辨難愈多，真理愈明，而意見亦必不生何也？所爭者在理之是非所敵者在說之異同，非與其人為爭為敵也。不依論理不持公論以相辨難則非惟真理不出，而筆舌將為冤讎之府矣。先秦諸子之戰論實不及希哲之劇烈，而嫉妒褊狹之情有大為吾歷史污點者。孔子之大聖甫得政而戮少正卯，問其罪名則行僞而堅言偽而辨，學非而博順非而澤也。夫偽與真至難定形也；是非與非至難定位也。藉令果偽矣果非矣亦不過出其所見行其所信糾而正之，斯亦可耳而何至於殺其毋乃以三盈三虛之故，變公敵而為私仇其毋

乃濫用強權而爲思想自由言論自由之蟊賊耶？梭格拉底被戮於雅典，僇之者羣盲也。今少正卯之學術不知視梭氏何如而以此見僇於聖人吾實爲吾學界恥之此後如墨子之非儒則撫其陳蔡亨豚等陰私小節；孟子之距楊墨，則毫無論據而漫加以無父無君之惡名；荀子之非十二子動斥人爲賤儒而指其無廉恥而嗜飲食凡此之類皆絕似村嫗嫚罵口吻毫無士君子從容論道之風豈徒非所以待人抑亦太不自重矣無他不能以理相勝以論相析而惟務以氣相矜以權相凌然則焚坑之禍豈待秦皇殽中之人豈待唐太吾屬稿至此而不能不有慼於西方諸賢也未識後之君子能剗此孽苗否也？

五曰崇古保守之念太重也。希臘諸哲之創一論也，皆自思索之自組織之，自發布之自承認之初未嘗依傍古人以爲重也皆務發前人所未發，

而思以之易天下，未嘗教人反古以爲美也。中國則孔子大聖，祖述堯舜憲章文武，述而不作，信而好古，非先王法言不敢道，非先王法行不敢行，其學派之立脚點近於保守無論矣。若夫老莊以破壞爲教者矣；乃孔子所崇者，不過今之古，而老子所崇者，乃在古之古，此殆中國人之根性使然哉？夫先秦諸子其思想本強半自創者也；既自創之則自認之，是非功過悉任其責，豈非光明磊落者耶？今乃不然必託諸古，孔子託諸堯舜，墨翟託諸大禹，老子託諸黃帝許行託諸神農，自餘百家莫不如是；試一讀漢書藝文志，其號稱黃帝容成歧伯風后力牧伊尹孔甲太公所著書者，不下百數十種，皆戰國時人所依託也。噫，何苦乃爾！是必其重視古人太過，而甘爲之奴隸也；否則其持論不敢自信，而欲諉功罪於他人也；否則欲狐假虎威以欺飾庸耳俗目也。吾百思不得其解，姑文其言曰崇古保守之念重而已。吾不敢妄

謗前輩，吾願我國今後之學界，永絕此等腹蟹目蝦之遺習也。

六曰，師法家數之界太嚴也。柏拉圖梭氏弟子也，而其學常與梭異同；亞里士多德柏氏弟子也，而其說常與柏反對。故夫師也者師其合於理也，時或深惡其人，而理之所在，斯不得不師之矣。敵也者敵其戾於理也，時或深敬其人，而理之所非，斯不得不敵之矣。敬愛莫深於父母，而幹父之蠱，易稱之，斯豈非人道之極則耶？梭柏亞三哲之為師弟其愛情之篤聞於古今，而其於學也若此；其所以衣缽相傳為希臘之正統者，蓋有由也。苟不爾，則非梭之所以望於柏，柏之所以望於亞矣。中國不然守先王之說則兢兢焉不敢出入，不敢增損稍有異議近焉者則曰背師，遠焉者則曰非聖行將不容於天下矣。以故孔子之後，儒分為八，墨離為三，而未聞有一焉能青於藍而寒於水者。譬諸家人積聚之業，父有千金以遺諸子，子如克家資母取

贏,而萬焉,而巨萬焉,斯乃父之之志也今日吾保守之而已則羣兒分領千金,其數已微不再傳而爲襄人矣。吾中國號稱守師說者既不過得其師之一體,而又不敢有所異同增損更傳於其弟子,所遺者又不過一體之一體夫其學安得不漸滅也!試觀二千年來,孔敎傳授之歷史其所以陵夷衰微日甚一日者非坐此耶夫一派之衰微猶小焉耳舉國學者如是則一國之學術思想界奄奄無復生氣可不懼耶!可不懼耶!

（乙）與印度學派比較（文闕）

第四章 儒學統一時代

泰西之政治常隨學術思想爲轉移。中國之學術思想,常隨政治爲轉移,此不可謂非學界之一缺點也是故政界各國並立則學界亦各派並立

政界共主一統則學派亦宗師一統。當戰國之末，雖有標新領異，如錦如荼之學派不數十年摧滅以盡歸然獨存者惟一儒術，而學術思想進步之跡，亦自茲凝滯矣。夫進化之與競爭相緣者也競爭絕則進化亦將與之俱絕，中國政治之所以不進化曰惟共主一統故，中國學術所以不進化曰惟宗師一統故。而其運皆起於秦漢之交實中國數千年一大關鍵也。抑泰西學術亦何嘗不由分而合由合而分遞衍遞嬗？然其凝滯不若中國之甚者彼其統一之也以自力，此其統一之也以他力。所謂自力者何？學者各出其所見，互相辯詰，互相折衷競爭淘汰優勝劣敗其最合於真理，最適於民用者則相率而從之衷於至當異論自熄；泰西近日學界所論定義公例者皆自此來也。所謂他力者何？有上位倍握權力者從其所好而提倡之而左右之，有所獎勵於此則有所窒抑於彼；其出入者謂之邪說異端，謂之非聖非法，

風行草偃,民遂移風;泰西中古時代之景敎及吾中國數千年之孔學皆自此來也。由前之道則學必日進;由後之道則學必日退。徵諸前事有明驗矣。故儒學統一者非中國學界之幸而實中國學界之大不幸也今請先語其原因次叙其歷史次條其派別次論其結果。

第一節 其原因

儒學統一云者,他學銷沈之義也。一與一亡之間其原因至賾至雜約而論之則有六端。

天下大亂甲兵滿地學者之日月皆銷蝕於憂皇擾攘之中,無復餘裕以從事學業而者復肆其殘忍兇悍之手段草薙而禽獮之,苟非有過人之精神毅力則不能抱持其所學已立於此芬亂闇黑之世界故經周末兼併

之禍,重以秦皇焚坑一役而前此之道術,若風掃落葉空捲殘雲實諸學摧殘之總原因,儒學與他學共之者也此其一。

破壞不可以久也故受之以建設而其所最不幸者則建設之主動力非由學者而由帝王也。帝王既私天下則其所以保之者,莫亟於靖人心事雜言龐,各是所是而非所非,此人心所以滋動也於是乎靖之之術,莫若取學術思想而一之。故凡專制之世必禁言論思想之自由秦漢之交為中國專制政體發達完備時代,然則其建設之者,不惟其分而惟其合不喜其並立而喜其一尊勢使然也此其二。

既貴一尊矣然當時百家莫不自思以易天下,何為不一於他,而獨一於孔?是亦有故。周末大家足與孔並者無逾老墨;然墨氏主平等大不利於專制;老氏主放任亦不利於干涉與霸者所恃之術固已異矣惟孔學則嚴

等差、貴秩序，而措而施之者，歸結於君權雖有大同之義太平之制而密勿徵言聞者蓋寡其所以千七十二君授三千弟子者大率上天下澤之大義，扶陽抑陰之庸言於帝王馭民最為適合故霸者竊取而利用之以宰制天下。漢高在馬上取儒冠以資溲溺及至定大業則適魯而以太牢祀矣蓋前此則孔學可以為之阻力後此則孔學可以為之奧援也此其三。

然則法家之言其利於霸者更甚何為而不用之曰法家之為利也顯而驟，其流弊多；儒家之為利也隱而長其流弊少。夫半開之民之易欺也朝三暮四則眾狙喜且答且飴兒服，故宋儒太平御覽以轂英雄，清開「博學鴻詞」以戢反側蓋逆取順守道莫良於此矣。孔學說忠孝道中庸與民言服從與君言仁政其道可久其法可行；非如法家之有術易以興無術易以亡也。然則孔學所以獨行所謂教競君擇適者生存亦天演學公例所

不可逃也此其四。

以上諸端，皆由他動力者也。至其由自動力者則亦有焉。盈虛消長，萬物之公例也，以故極盛之餘每難爲繼，彼希臘學術，經亞里士多德後而漸衰，近世哲理，經康德後而稍微，此亦人事之無如何者矣。九流既茁精華盡吐，再世以後民族之思想力既倦震於前此諸大師之學說以爲不可復加，不復可幾及故有因襲無創作，有傳授無擴充勢使然矣諸家道術，大率皆得一察焉以自好，承於前者既希其傳於後也亦不自廣。孔學則祖述堯舜憲章文武，在先師雖有改制法後之精神，在後學可以抱殘守缺爲盡責。是故無赴湯蹈火之實力，可以自附焉言墨學；無幽玄微妙之智慧，不足以傳老學。至於儒術，則言訓詁者可以自附焉言校勘者可以自附焉言典章制度者可以自附焉言心性理氣者可以自附焉：其取途也甚寬而所待於創作

力也甚少,所以諸統中絕,而惟此爲昌也此其五。

抑諸子之立教也皆自欲以筆舌之力,開關塗徑,未嘗有借助於時君之心:如墨學主於鋤強扶弱勢力愈盛者則其仇之愈至;老學則芻狗萬物,輕世肆志往往玩弄王侯以鳴得意然則彼其學,非直霸者不取之,抑先自絕也。孔學不然以用世爲目的,以格君爲手段故孔子及身周遊列國高足弟子友交諸侯爲東周而必思用我行仁術而必藉王齊蓋儒學者實與帝王相依附而不可離者也故陳涉起而孔鮒往劉季興而叔孫從恭順有加,強聒不捨捷足先得誰曰不宜此其六。

第二節　其歷史

具彼六因,儒學所以視他學占優勝者其故可知也雖然,其發達亦非

一朝一夕之故，請略敘之。

（一）萌芽時代　當孔子之在世其學未見重於時君也及魏文侯受經子夏繼以段干木田子方，於是儒教始大於河西文侯初置博士官實惟以國力推行孔學之始，儒教舍斯人無屬矣其次者爲秦始皇始皇焚坑之虐後人以爲敵孔教實非然也；始皇所焚者不過民間之書百家之語所坑者不過咸陽諸生侯生盧生等四十餘人，未嘗與儒教全體爲仇也豈惟不仇且自私而自尊之其焚書之令云：有欲學者以吏爲師。非禁民之學也禁其於國立學校之外有所私業而已所謂吏者何則博士是也。秦承魏制置博士官伏生叔孫通張蒼史皆稱其故秦博士蓋始皇一天下用李斯之策固已知辨上下定民志之道莫善於儒教矣然則學術統一與政治統一同在一時秦皇亦儒教之第二功臣也漢高蚤年最惡儒，有儒冠者

輒溲溺之,其吐棄也至矣;而酈食其叔孫通陸賈等,深自貶抑,包羞忍垢以從之,及天下既定諸將爭奪喧嘩,引爲深患,叔孫通乃緣附古制爲草朝儀,導之使知皇帝之貴然後信孔學之眞有利於人主,陸賈獻新語,蓋知焉上之不可以治天下,於是過魯以太牢祀孔子,喟然與學以貽後昆。漢高實儒教之第三功臣也。

(二)交戰時代 雖然天下事非一蹴可幾者。當漢之初,儒敎以外諸學派其燄未衰墨也老也法也皆當時與孔學爭衡者也。其在墨家游俠一派獨盛朱家郭解之流爲一時士大夫所崇拜。太史公曰:儒以文亂法而俠以武犯禁儒謂孔也俠謂墨也。蓋墨孔兩派在當時社會勢力殆相埒焉。漢秦時人常以仲尼墨翟並稱,或以儒墨儒俠並稱。南海先生所著孔子改制考嘗徵鈔之,得百餘條。 其在道家則漢初之時殆奪孔席蓋公之教曹參,史稱曹參爲齊悼惠王相召,諸儒百數,間安集百姓之道,言人人殊,莫知所從。聞膠西有蓋公者,善賢老言,請見之。蓋公言治道清靜,則民自定。曹參大悅,師之。後相漢,日飲醇酒,與民休息,肯得力

於道家曰。黃生之事竇后，漢書外戚傳云：太后好黃帝老子言，景帝及諸竇不得不讀老子，尊其術也。文帝后，文帝即位之年，即冊立，而崩於武帝建元六年、此四十五年間，勢傾外廷，天子宰相，莫敢逆，登高而呼，故道家披靡朝野。史爾黃老生徒，與儒生徒較固，嘗辯雖於帝前，竇后怒，使轅固入圈刺豕，欲殺之，其束縛言論自由，可見一斑矣。此倡之自上者也；

淮南王之著鴻烈解，高誘注淮南子云：天下方術之士，多歸淮南，於是蘇飛李尙左吳田由雷被毛被伍被等八人，及諸儒大山小山之徒，講論道德，總統仁義，以著此書；其旨近於老子。實乃談之言，實非馬遷之言。此演之自下者也。故當時儒者雖磅礴鬱積於下，而有壓之於上者，故未能得志焉。其在法家則景帝時代，錯錯用事，史爾錯與雒陽宋孟劉帶同學申商刑名之學於軹縣張恢。然則張恢始當時法家大師也？權傾九卿法令多所更定。而武帝雖重儒術，實好察察之明，任用桑宏羊輩，欲行李悝商鞅之術以治天下，故儒法並立而相水火於朝廷鹽鐵論一書實數千年來爭辯學術之第一大公案也。鹽鐵論，漢相寬撰，乃敘說始元六年，丞相御史與所舉賢良文學，論辨鹽鐵均輸之利害著也。司馬談之論六家要指，

乃談之言，實非馬遷之言。此演之自下者也。故當時儒者雖磅礴鬱積於下，而有壓之於上者

漢泊無爲，蹈虛守靜云云。

家大師也？

由此觀之當儒學將定未定之際與之爭統者凡三家就中隨分爲三小時期第一期爲儒也。兩黨各持一見，互相辨難，洋洋十數萬言，以視英國醫院爭愛爾蘭自治案改正選舉法案者，其論辯之激烈，持見之堅確，始有過之無不及，實爲中國與政界放一大異彩也。

墨之爭。蓋承戰國「武士道」之餘習，四公子〔孟嘗；平原；信陵；春申。〕之遺風猶赫赫印人耳目故重然諾鋤強扶弱之美德猶爲一世所稱羡尙氣之士每不惜觸禁網以赴之而詆儒爲柔巽者有爲矣雖然其道最不利於霸者朝廷豪族日芟而月鋤之文景以降殆萎絕矣第二期爲儒道之爭道家有君〔如竇太后文帝景帝等〕以爲之後援故其勢滋盛而經數百年戰爭喪亂之後，與民休息其道術固有適宜於當時之天澤者故氣燄驟揚而詆儒爲虛僞繁縟者有爲矣。雖然帝者之好尙變而其統之盛衰亦與俱變及三期爲儒法兩有利於世主而法家之利顯而近儒家之利隱而長景帝之時急於功名法語斯起而詆儒爲迂腐不切者有爲矣然當時儒法勝負之數頗不在世主而在兩造之自力，蓋法家之有力者不能善用其術緣操切以致挫敗而儒家養百年來之潛勢力人才濟濟頗能不畏強禦以伸其主義故朝野兩途，

皆占全勝也自茲以往而儒學之基礎始定。

（三）確立時代　自魏文侯以後最有功於儒學者不得不推漢武帝。

然武帝當竇后未歿以前不能實行所志彼其第一次崇儒政策以武帝之雄才大略主持於上竇嬰以太后之親爲丞相田蚡以帝舅爲太尉趙綰爲御史大夫王臧爲郎中令皆推崇儒術將迎申公於魯設明堂制禮作樂文致太平然太后一怒綰臧下吏嬰蚡罷斥遂以蹉跌。卒至后崩蚡復爲相董仲舒對策賢良請表章六藝罷黜百家凡非在六藝之科者絕勿進自茲以往，儒學之尊嚴，迥絕百流遂與學校置博士設明經射策之科。公孫弘徒以緣飾經術起家布衣封侯策相。二千年來國教之局乃始定矣。

（四）變相時代　一尊既定尊經愈篤每行一事必求合於六藝之文。哀平之間新都得政因緣外戚遂覬非常然必附會經文始足以箝盈廷之

口,求諸古人惟有周公可以附合,爰使劉歆制作僞經隨文竄入力有不足,假借古人削竹為編漆書其上今之一卷古可專本其為工也多故傳書甚少其轉徙也艱故受燬甚易其為費也不貲故白屋之士不能得書者甚衆,以此三者故圖書悉萃祕府歆既親典中書任意抑揚縱懷改竄謂此石渠祕籍非民間有也人孰不從而信之?即不見又孰從而難之?況有君權潛為驅督於是鴻都太學承用其書奉為太師視為家法莒人滅鄫,呂種易嬴,自茲以往,而儒之為儒,又非孔子之舊矣。

（五）極盛時代 雖然歆新之學固未能遽以盡易天下也。而東漢餘年間,孔學之全盛實達於極點今請列西漢與東漢比較。（一）西漢有異派之爭,而東漢無有也。西漢前半紀三小期之交戰時代,不待言矣。即武帝別黑白,定一尊以後,亦尚有如汲黯之治黄老,桑弘羊張湯之治刑法者,東漢則眞絕矣。（二）東漢帝者皆受經講學而西漢無有也。明帝親臨辟雍,養三老五更,自章帝以下,史者稱其受經淵源。（三）西漢傳

經之業，專在學官，而東漢則散諸民間也。凡學術壟斷於一處者，學必衰；散布民間者，學必盛。泰西古學復興時代，學術由教會移於平民，遂開近代之治，其明證也。西漢非詣博士，不得受業，雖有私授，而其傳不廣。東漢則講學之風，盛於一時，史所載如劉昆弟子常五百餘人，注丹徒眾數百人，楊倫講授大澤中弟子千餘人，薛漢教授常數百人，杜撫弟子千餘人，曹曾魏應宋登丁恭蓋弟子數千人，樓望九千餘人，牟長門下著錄萬餘人，蔡玄萬言六千人，諸如此者，不可枚舉焉。

（四）西漢傳經僅憑口說，而東漢則著書極盛也。西漢說經之書，惟有春秋繁露，韓詩外傳一二種，其餘皆口授而已。東漢則除賈馬許鄭服何諸大家著述傳世，人人共見者不計外，其儒林傳所載如周防著四十萬言，伏恭著二十萬言，景鸞著五十萬言，其餘萬言者尚指不勝屈。故謂東京儒術之盛，上軼往軌，下絕來塵，非過言也。

第三節 其派別

競爭之例，與天演相終始，外競既絕，內競斯起，於羣治有然，於學術亦有然。韓非子顯學篇謂孔子卒後，儒分為八，故漢代儒學雖極盛，而所謂八儒者，則渺不可視；其條葉附蘗千差萬別，又迥非初開宗時之情狀矣。今欲言漢儒之派別，請先言漢以前之派別。

```
                    ┌─ 子游 ─ 子思 ─ 孟子 ─┐
                    │                      ├─ 荀卿 ─┬─ 韓非
                    ├─ 曾子                │        └─ 李斯
                    │                      │
        孔子 ───────┼─ 仲弓 ───────────────┘
                    │
                    │         ┌─ 公羊高
                    ├─ 子夏 ──┼─ 穀梁赤
                    │         └─ 田子方 ─ 莊子
                    │
                    └─ 左邱明
```

表例說明

其流派不光大者不列。一列子游於孟子派者，孟子言大同，而大同之說本於禮運，禮運為子游所傳，荀子非十二子篇玖思孟條下又云：以為仲尼子游為茲厚於後世，故知孟子之學出於子游也。一列仲尼子弓於荀卿派者，非十二子篇以仲尼子弓並稱，論語言雍也可使南面，正荀子君權之學說所自出也。

孔子之學，本有微言大義兩派微言亦謂之大同，大義亦謂之小康；大同亦謂之太平，小康亦謂之撥亂謂之升平撥亂升平太平謂之三世三世之中，復各含三世如太平之撥亂太平之升平，太平之太平等是也大義之

學荀卿傳之微言之學孟子傳之至微言中最上乘，所謂太平者，或顏氏之子其庶幾乎？而惜其遺緒之湮沒而不見也。莊生本南派鉅子而復北學於中國，含英咀華，所得獨深，殆紹顏氏不傳之統者哉。然其嗣續固不可以專屬於孔氏。然則孔學在戰國則固已僅餘孟荀兩家，最為光大。而二派者孔子之時便已參商，迨及末流截然相反：孟子治春秋，荀子治禮。春秋孔子所自作，明改制致太平之意者也。禮孔子所雅言，為尋常人說法者也。孟子道性善，荀子言性惡；兩義皆孔子所有。言大同者必言性善，太平世當人人平等也；言小康者必言性惡，近于自由主義；言性惡必言克治，近于宰制主義。孟子稱堯舜，荀子發後王；堯舜者大同之代表也，禮運所謂大道之行也，天下為公選賢與能等是也。後王者禹湯文武周王周公小康之代表也，禮運所謂三代之英，所謂六君子也，所謂天下為家，各親其親，各子其子，貨力為己，以為綱紀等是也。此其大端也。若其小節更僕難終。孟子既沒，公孫丑萬章之徒不克負荀子。荀子身雖不見用，而其弟子韓非李斯等大顯於秦，秦人之政壹宗非斯；漢世六經家法，見汪容甫述學。而傳經諸老師，又多故秦博士，故自漢以後名雖為強半為荀子所傳，

昌明孔學，實則所傳者僅荀學一支派而已。此真孔學之大不幸也！（漢代學術在荀派以外者，惟公羊與春秋耳。）

漢儒流派繁多綜其大別，可分兩種：

（一）說經之儒
（二）著書之儒

（一）說經之儒　在昔書籍之流布不易，故欲學者皆憑口說，非師師相傳其學無由，故家法最重焉。今請將各經傳授本師列表如下：

易　—　商瞿—橋庇—駻臂—周醜—孫虞—田何—┬—丁寬—田王孫—┬—施讎△
　　　　　　　　　　　　　　　　　　　　　│　　　　　　　├—孟喜△
　　　　　　　　　　　　　　　　　　　　　│　　　　　　　└—梁邱賀△
　　　　　　　　　　　　　　　　　　　　　└—王同—楊何—京房△

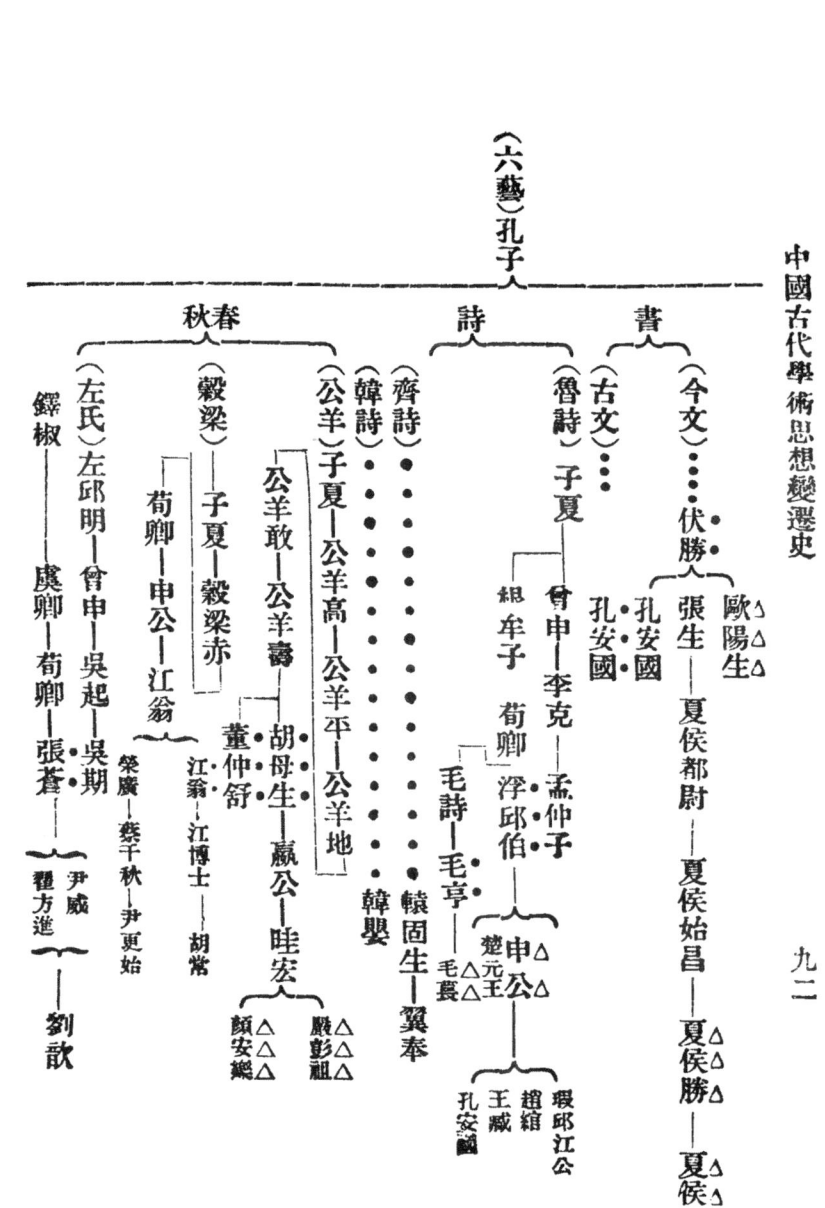

```
                    ┌─ (儀禮) ─── 高堂生 ─ 蕭奮 ─ 孟卿 ─ 后蒼 ┬ △戴德
              禮 ───┤                                      ├ △戴聖
              (周禮)─┤                                      └ △慶普
                    └─ 劉歆△
```

表例說明

一 凡傳授不斷者，以 ── 為識；傳授不明者，以……為識。一所表傳授人只據故書，其眞僞非著者之責任。一每經于漢初第一本師旁施‥‥為識，立於學官者旁施△△為識。

由此觀之，魯詩毛詩穀梁春秋左氏春秋皆出自荀卿傳有明文；而伏生轅固生張蒼皆故秦博士禮經傳授高堂生之前雖不可考然荀卿一書，皆崇禮由禮之言兩載記又多採荀卿文字則其必傳自荀門，可以推見。若是乎兩漢經術其爲荀學者十而七八昭昭然也

論兩漢經學學派最當注意者古今文之爭是也。今文傳自西漢之初，所謂十四博士列於學官者是也。古文興於西漢之末，新莽篡國，劉歆校書

時所晚出者也。今文雖不足以盡孔學,然猶不失為孔學一支派;古文則經亂賊偽師之改竄附託,其與孔子之意背而馳者,往往然矣。古文雖不盛於漢代,然魏末晉間,馬融鄭玄王肅之徒,大揚其波,逾六朝以及初唐渤定五經正義,皆為古文學獨占時代。蓋自是而儒者所傳習,不惟非孔學之舊,抑又非荀學之舊矣。今將漢代所立於學官者列其今古文之派為一表:

易〔今文〕	楊(何)	武帝時立
	施讎	宣帝時立
	孟喜	同上
	梁邱(賀)	同上
	京(房)	元帝時立 易皆今文 無古文
書〔今文〕	歐陽	武帝時立
	大夏侯勝	宣帝時立
	小夏侯建	宣帝時立
〔古文〕	孔(安國)	平帝時立

漢代羣經立於學官者之宗派

- 詩
  - （今文）
    - 魯（申公） 武帝時立
    - 齊（轅固） 同上
    - 韓（嬰） 同上
  - （古文）毛萇 平帝時立
- 禮
  - （今文）
    - 后蒼 武帝時立
    - 大戴（德） 宣帝時立
    - 小戴（聖） 同上
  - （古文）逸禮周官 平帝時立
- 春秋
  - 今文
    - 公羊 — 穀梁 武帝時立 未得立
    - 嚴彭祖 — 顏安樂 元帝時立 東漢初立 ｝二家皆公羊支子出於胡母生者也
  - （古文）左氏 平帝時立

綜而論之，兩漢經師可分四種：(其一)口說家，專務抱殘守缺，傳與其人家法謹嚴，發明頗少。如田何丁寬伏生歐陽生申公轅固生胡母生江翁，高堂生等其人也。(其二)經世家，衍經術以言政治，所謂以禹貢行水以洪範察變以春秋折獄以三百五篇當諫書。如賈誼董仲舒龔勝蕭望之匡衡，劉向等其人也。(其三)災異家。災異之說何自起乎？孔子小康之義勢不得不以一國之權託諸君主，而又恐君主之權無限，而暴君益承以為虐也，於是乎思所以制之，乃於春秋特著以元統天以天統君之義而羣經亦往往三致意焉。其即位也誓天而治其崩薨也稱天而諡是蓋孔子所殫思焦慮，計無復之，而不得已出於其途者也不然以孔子之聖智寗不知日蝕彗見地震星孛鶂退石隕等地文之現象動勃之恆情於人事上政治上毫無關係也，而斷斷然視之若甚鄭重焉者毋亦以民權既未能與則政府之舉動

措置,旣莫或監督之而匡糾之使非於無形中有所以相懼則民賊更何忌憚也。孔子蓋深察夫劇亂時代之人類皆宗教迷信之念甚強也,故利用之而申警之若曰:「某某者天神震怒之象也某某者地祇怨恫之徵也其必由人主之失德使然也是不可不恐懼是不可不修省!」夫人主者無論何人,無論何時夫安能無失德?則雖災變日起而無不可以附會。但使稍自愛者,能恐懼一二修省一二,則生民之禍其亦可以稍弭此孔子言災異之微意也。雖其術虛渺迂遠斷不足以收匡正之實效,然用心蓋良苦矣。江都最知此義,故其對天人策三致意焉。漢初大儒之言災異,大率宗此惜也,及於末流浸乖本意牽合附會,自惑惑人,如書則有洪範五行,禮則有明堂陰陽,易則京房象數之災異詩則翼奉之五際六情,齊詩派至於春秋又盆甚焉馴致讖諱之學支離誕妄不可窮詰駸駸競起以奪孔席則兩漢學者之罪也。

（其四）訓詁家。漢初大師之傳經也循其大體玩經文，舉大義而已；_{見漢書儒林傳}故讀一經通一經之義得一義之用自莽歆以後，提倡校勘詁釋之學逮東都之末則賈馬許鄭盡心於箋注以破碎繁難相夸尙，於是學風又一變，近啓有唐陸_{德明}孔_{穎達}之淵源遠導近今段_{玉裁}王_{引之}之嚆矢買櫝還珠，去聖愈遠。蓋兩漢經學雖稱極盛而一亂於災異再亂於訓詁，災異亂其義訓詁亂其言至是益非孔學之舊而斯道亦稍陵夷衰微矣。

二著書之儒　今所傳漢代著述，除經注詞賦外其稍成一家言者，有若陸賈之新語，賈誼之新書董仲舒之春秋繁露司馬遷之史記淮南王安之淮南子桓寬之鹽鐵論劉向之說苑新序楊雄之法言王充之論衡王符之潛夫論仲長統之昌言許愼之說文解字等四百年中寥寥數子而

已。而說文不過字書於學術思想全無關係鹽鐵論專紀一議案亦非可以列於作者之林新語眞贋未定,新書割綴所成未足以概學者之學識要之漢家一代著述除淮南子外皆儒家言也而其有一論之價值者惟董仲舒,司馬遷劉向揚雄王充王符仲長統七人而已。江都繁露雖以說經爲主然其究天下相與之故衍微言大義之傳實可爲西漢學統之代表。史記千古之絕作也不徒爲我國開歷史之先聲而已其寄意深遠其託義皆有所獨見而不殉於流俗本紀之託始堯舜五帝也世家之託始泰伯也列傳之始伯夷也皆貴其讓國讓天下以誅夫民賊之視國土爲一姓產業者也;陳涉而列諸世家也項羽而列諸本紀也尊革命之首功不以成敗論人也;孔子而列諸世家也仲尼弟子而爲列傳也尊致統也,孟荀列傳,而包含餘子,老子韓非同傳明道法二家之關係也著兩大師以明羣學末流之離合也

也；游俠有傳刺客有傳厲尚武之精神也龜筴有傳，信也貨殖有傳明生計學之切於人道也故太史公誠漢代獨一無二之大儒矣彼其家學淵源既已深邃；_{太史公自序，稱其父談，學天官都受易于楊何，習道論于黃子。}生於天下之中央而足跡徧海內_{自序云：遷生龍門，耕牧河山之陽，二十而南游江淮，上會稽，探禹穴，闚九疑，浮于沅湘，北涉汶泗，講業齊魯之都，厄困鄱薛彭城，過梁楚以歸，於是仕為郎中，奉使西征巴蜀以南，略邛笮昆明，還報命。蓋今日版圖，除兩廣貴州福建甘肅五省外，史公足跡皆徧矣。}其孔子之學獨得力於春秋，_{自序稱吾聞諸董生曰云云，董史公于董子必有淵源矣。公羊傳屢引子司子曰云云，吾友仁和夏曾佑以為必史公也。}而南派北東派北西派之精華皆能咀嚼而融化之又世在史官承胚胎時代種種舊思想磅礴鬱結以入於一百三十篇之中，雖謂史公為上古學術思想之集大成可也劉中壘粹然純儒然為當時陰陽五行說所困不能自拔。說苑陳義至淺殆無足云揚子雲新莽大夫曲學阿世著太玄以擬易著法言以擬論語是足以代表當時學者無創作力，而惟存模擬性也王仲任頗思為窮理察變之學，然學識不足以副之撫其小而

遺其大吾友餘杭章炳麟,以比希臘之煩瑣哲學,斯爲近矣節性 王公理 仲長統

雖文辭斐然,然止於政論指摘當時末流之弊而已。於數千年學術思想界

中不足以占一席若是乎兩漢之以著述鳴者惟江都龍門二子獨有心得

爲學界放一線光明而已嗟乎斯道之衰一何至是君子觀於此而益嘆言

論自由思想自由之不可以已如是其甚也!

其於說經著書之外足以覘當時文明之迹者,則詞賦爲最優;而枚乘

司馬相如揚雄班固等其代表人也。而唐都洛下閎之曆數,張仲景之醫方,

張衡之技巧, 製地 勳儀 亦有足多者焉。

著偽 等論

第四節 其結果

儒學統一之運旣至兩漢而極盛其結果則何如試舉舉大者論之:

一曰名節盛而風俗美也。儒學本有名教之目，故砥礪廉隅，崇尚名節，以是爲一切公德私德之本。孝武表章六藝，儒師雖盛而斯義未昌，故新莽居攝，頌德獻符者徧天下。光武有鑒於此，故尊崇節義敦厲名行，修四字爲進退士林之標準，故東漢二百年間，而孔子之所謂儒行者漸漬社會浸成風俗；至其末造朝政昏濁，國事日非，而黨錮之流獨行之輩依仁蹈義舍命不渝，風雨如晦雞鳴不已，讓爵讓產史不絕書，或千里以急朋友之難，或連轂以犯時主之威。論者謂三代以下風俗之美莫尚於東京，非過言也。夫當時所謂名節者，其果人人出於眞心與否吾不敢言，雖然孟德斯鳩不云乎立君之國以名譽心爲元氣，孔子之政治思想，專說其小廉之統言，則正孟德斯鳩所謂立君政體也，故其所以維持之者莫急於尙名。及至東京而儒效極矣。南史有云：「漢世士務修身，故忠孝成俗，至於乘軒服冕，非此莫由」。

顧亭林亦云「名之所在，上之所庸，而忠性廉潔者顯榮於世，名之所去，上之所擯，而怗佞貪得者廢錮於家，卽不無一二矯僞之徒，猶愈於肆然而爲利者。」又曰：「雖不能使天下之人以義爲利，猶使之以名爲利。」名節者，實東漢儒致一最良之結果也，雖其始或爲以名爲利之一念所歐，而非其本相乎？至其浸成風俗，則其欲利之第一性，或且爲欲名之第二性所掩奪，而舍利取名者往往然矣。其孔學所以坊民之要具也。

二曰民志定而國小康也。孔子之論政，雖有所謂大同之世，太平之治；其所雅言者，總不出上天下澤，君臣大防。故東漢承其學風，斯恉最暢。范蔚宗之論以爲「靈桓之間，君道秕辟，朝綱日陵，國隙屢啓，自中智以下，靡不審其崩離，而權强之臣，息其窺盜之謀，豪俊之夫，屈於鄙生之義；所以傾而未顚，抑而未潰，豈非仁人君子心力之爲乎？」同佐雄傳論 林傳論 誠哉其知言

也!儒教之結果使然也。自茲以往二千餘年,以此義為國民教育之中心點。宋賢大揚其波基礎益定凡縉紳上流束身自好者莫不競競焉。義理既入於人心自能消其梟雄跋扈之氣束縛於名教以就範圍若漢之諸葛唐之汾陽近世之曾左皆食其賜者也夫共和之治既未可驟幾,則與其亂臣賊子繼踵方軌以暴易暴,誠不如戢其戾氣進之恭順,而國本可以不屢搖生民可以不塗炭。兩漢以後,所以殺弒之禍稍殺於春秋而權臣日少一日者,儒教治標之功,不可誣也此其結果之良者也。若其不良者則亦有焉。

三曰民權狹而政本不立也。 儒教之政治思想,有自相矛盾者一事,則君民權限不分明是也。大抵先秦政論有反對極端之兩派:曰法家;曰道家。而儒實執其中法家主干涉道家主放任惟干涉也故君與民為強制之關係;惟放任也故君與民為合意之關係。卽近予契約之關係 惟強制關係也故重等差

惟合意關係也，故貴乎等。惟平等差也，故壓制暴威惟平等也，故自由自治。此兩者雖皆非政治之正軌要之首尾相應成一家言者也。儒家則不然：其施政手段則干涉也；_{中庸規規之殺，尊賢之等，禮所生也。}_{保民牧民，皆干涉政策之極軌也。}其君臣名分則強制也；_{所謂君臣之義，無所逃於天地之間。}惟其政治之目的，則以壓制暴威爲大戒夫秩序則等差也；以壓制暴威爲大戒豈非仁人君子之極則耶？而無如不揣其本而齊其末，道固有未能致者也。儒致之所最缺點者，在專爲君說法，而不爲民說法。其爲君說法奈何？若曰：「汝宜行仁政也！汝宜恤民隱也！汝宜順民之所好也！汝宜探民之輿論以施素政也！」是固然也。若有君於此，而不行仁政不恤民隱，不順民之所好惡，不探民之輿論則當由何道以使之不得不如是乎？此儒致所當明答之問題也。夫有權之人之好濫用其權也猶虎狼之嗜人肉也，向虎狼諄諄說法而勸其勿食人此必不可得之數也。謂余不信則

試觀二千年來孔教之盛極於中國，而歷代君王，能服從孔子之明訓，以行仁政而事民事者幾何人也？然則其道當若何？曰不可不籍制之以民權。當其暴威之未行也則有權以監督之當其暴威之方行也則有權以屏除之當其暴威之既革也且有權以永絕之如是，然後當權者有所憚有所縛而仁政之實乃得行。儒教不然以犯上作亂為大戒，猶可言也浸假而要君亦為大不敬矣，猶可言也浸假而庶人議政亦為無道矣。儒教亦多非常異義，如湯武革命，順天應人之象，視民草芥，視君寇讎之義，聞誅一夫，未聞弒君之言，皆所以限制暴威之不二法門也。雖然，爭權而必出于革命，慘矣，傷矣；且革命之後，復無所以限其君權者，前虎退而後狼進，是革之無已時，而國將何以立也！故徒殺一虎，殺一狼，不可也；必求所以絕虎狼之迹者，即不能，亦必使虎狼不能食人。由前之說，則共和政體是也；由後之說，則立憲君主政體是也。欲成郅治，舍此何以哉？而惜乎儒者之有所顧忌而不敢昌言也！此所以雖有仁心，而二千年來不能蒙其澤也。

是何異語人曰吾已戒虎狼勿噬汝，汝但恭順俯伏於其側，雖犯汝而不可校也雖曰小康時代民智民力未充實，或有不能遽語於此者乎？雖然，不可校也雖加刀於我頸，我固不得為古人諱也故儒家小其立言之偏流弊之長則雖加刀於我頸，我固不得為古人諱也故儒家

康之言其優於法家者僅一間耳。法家以爲君也者，有權利無義務民也者，有義務無權利。儒家〔專指小康〕以爲君也者，有權利有義務民也者，有義務無權利。其言君之有義務也是其所以爲優也雖然義務必期於實行不然則與無義務等耳。夫其所以能實行者何也？必賴對待者之權利以監督之。今民之權利既怵於學說而不敢自有則君之義務其何附焉？此中國數千年政體，所以儒其名而法其實也。〔吾非崇道家言。道家思想之乖謬而不完全更甚也。〕故夫東京末葉鴻都學生郡國黨錮諸君子膏斧鉞實牛檻而不悔往車雖軫而來軫益適以若此之民德若此之士氣苟其加以權利思想，知要君之必非罪惡而爭政之寶爲本權則中國議會之治雖興於彼時可也。徒以一間未達僅以補袞闕爲責任，以淸君側爲旗幟曾不能乘此實力爲百年開治平以視希臘羅馬之先民，其又安能無愧也！嗚呼吾不敢議孔子吾不能不罪荀卿焉矣！

四曰一尊定而進化沈滯也。進化與競爭相倚此義近人多能言之矣蓋宇宙之事理至繁賾也必使各因其才盡其優勝劣敗之作用，然後能相引以俱上。若有一焉獨占勢力不循天職以強壓其他者則天演之神能息矣。故以政治論使一政黨獨握國權而他政黨不許容喙苟容喙者加以戮逐則國政未有能進者也若是者謂之政治之專制學說亦然。使一學說獨握人人良心之權而他學說不為社會所容若是者謂之學說專制矣無論其學說之不良也即極良焉而亦阻學問進步之路此徵諸古今萬國之歷史而皆然者也。儒教之在中國也，佛教在之印度及亞洲諸國也，耶教之在泰西也皆曾受其病者也但泰西則自四百年來異論蠭起舉前此之縛軛而廓清之於是乎有哲學與宗教之戰有科學與宗教之戰至於今日而護耶教者自尊之如帝天非耶教者自攻之如糞土要之歐洲今

日學術之昌明，爲護耶教者之功耶？爲攻耶教者之功耶？平心論之，兩者皆與有力焉。而赫胥黎斯賓塞之徒，尤倜乎遠矣。而泰東諸國則至今猶生息於一尊之下，此一切羣治所以瞠乎後也。吾之爲此言，讀者勿以爲吾欲攻孔子以爲耶氏先驅也，耶氏專制之毒視中國殆十倍焉；吾之爲言以爲吾欲攻其教專制天下也末流失真大勢趨於如是，孔子不任咎也。若耶則誠以專制排外爲獨一法門矣，故羅馬教會最全盛之時正泰西歷史最黑暗之日。吾豈其於今日乃欲撫他人吐棄之唾餘而引而親之？但實有見夫吾中國學術思想之衰實自儒學統一時代始按之實迹而已然證之公例而亦合，吾又安敢自枉其說也吾更爲讀者贅一言吾之此論非攻儒教也攻一尊也一尊者專制之別名也苟爲專制，無論出於誰氏吾必盡吾力所及以拽倒之吾自認吾之義務當然耳若夫孔子，則固云萬物並育而不相害道並

行而不相悖，孔子之惡一尊也亦甚矣。此乃孔子之所以爲大所以爲聖，而吾所頂禮贊嘆而不能措者也。

或曰儒教太高尚而不能逮下，亦其結果不良之一端焉。蓋當人智未盛之時禍福迷信之念在所不免。顧儒教全不及此使駸愚婦孺無所依仰，夫以是而不得不出於他途，坐是之故道家入之釋家入之馴致了凡派，所謂太上老君文昌帝君者紛紛入之也。未始非乘儒教之虛隙而進也。雖然以禍福迷信之說牖民雖非無利，而利或不勝其敝。吾中國國教之無此物，君子蓋以此自喜焉。

第五章　老學時代

三國六朝，爲道家言猖披時代，實中國數千年學術思想衰落之時代

也。申而論之，則中國六朝者，懷疑主義之時代也，厭世主義之時代也破壞主義之時代也，隱詭儒義之時代也，而亦儒佛兩宗過渡之時代也。

東漢儒教之盛如彼，乃不數十年間，至魏晉而其衰落忽如此，何也？推原其故蓋有五端：

一、由訓詁學之反動力也。漢季學者守師說爭門戶，所謂「碎義難逃，便辭巧說，五字之文至於二三萬言，幼童而守一藝白首而不能通」<small>見漢書藝文志</small>故學問之汨沒性靈至是已極，物極必反，矯枉過直，故降及魏晉，人心厭倦，有提倡虛無者起，則羣率而趨之，舉一切思想投入懷疑破壞之渦中，殆物理恆情無足怪者此其一。

一、由魏氏之提倡惡俗也。晉泰始元年，傅元上疏曰：「近者魏武好法術，而天下貴刑名，魏文慕通達而天下賤守節。」孟德既有冀州，崇獎跅

弛之士下令再三至於求貪污辱之名見笑之行，不仁不孝，而有治國用兵之術者，建安二十二年八月令，十五年春令，十九年十二月令，語意皆同。於是風俗大壞人心一變。顧亭林所謂經術之治節義之防，光武明章數世爲之未足毀方敗常之俗，孟德一人變之而有餘。誠哉其知言也！儒術之亡牛生是故此其二。

一、由殺戮過甚人心皇惑也。漢世外戚宦官之禍，連踵繼軌，兩漢后妃之家著聞者四十餘氏大者夷滅小者放竄其身家俱全者不得四五宦官弄權殺人如草一朝爲董袁所襲亦無子遺人人漸覺骨肉之間皆有刀俎。乃黨錮之禍俊顧廚及一網以盡其學節冠一世位望至三公者亦皆駢首闕下若屠豬羊。天下之人見權勢之不可恃也如彼道德學問之更不可恃也如此人心旁皇罔知所適故一遁而入於虛無荒誕之域芻狗萬物良非偶然此其三。

一、由天下大亂民苦有生也漢末至張角董卓李傕郭汜曹操袁紹孫堅劉備以來四海鼎沸原野厭肉谿谷盈血繼以晉代八王五胡之亂中原漂血一歲數見學者既無所用亦困於亂離無復有餘裕以研究純正切實之學但覺我生靡樂天地不仁厭世之觀自然發生此其**四**。

以此四因加以兩漢帝王儒者崇尚讖緯迷信休咎所謂陰陽五行之謬說久入人心而權勢道德既兩無可憑民志皇皇以為殆有司命之者存，吾祈焉禱焉煉養焉服食焉或庶可免於是相率而歸之此其**五**。

此五者殆當時學術墮落之大原因也故三國六朝間老子之教徧天下。但其中亦有派別焉——

一曰玄理派。自魏文提倡曠達舉世化之前此建安七子既已浮靡相尚後遂為清談之俗者二三百年開其宗者實為何晏王弼晉書王衍傳

稱「宴弼祖述老莊謂天地萬物皆以無為本無也者開物成務無往而不存者也。」蓋其持之有故言之成理亦有應於時勢而可以披靡天下者焉。此後如阮籍嵇康劉伶王衍王戎樂廣衛玠阮瞻郭象向秀之流皆以談玄有大名於時乃至父兄之勸戒師友之講求莫不推究老莊為第一事業。傳云，京與樂廣談，廣深嘆之，謂曰：「君天才過人，若加以學，必為一代學宗」。京遂勤學不倦。又王僧虔傳引其戒子書云：「汝未知輔嗣何所道平叔何所說，而傾執麈尾自稱談士，此最險事」云云。當時六經之中，除易理外盡皆閣束。而諸傳中稱揚人學問者皆以研精老易等語。老易並稱實當時之普通名詞也。范甯謂王弼何晏二人之罪深於桀紂；壺斥王澄謝鯤謂悖禮傷教中朝傾覆實由於此非過言也平心論之若著政治史則王何等傷風敗俗之罪固無可假借若著學術思想史則如王弼之於老易，郭象向秀之於莊張湛之於列，皆有其所得心之處成一家言以視東京末葉咬文嚼字之腐儒殆或過之焉。老學雖偏激亦南派一鉅子世

界哲學應有之一義吾雖惡之，而不願爲溢惡之言也但其魔業之影響於羣治者既若彼焉矣無他，老子既以破壞一切爲宗旨而復以陰險之心術，詭結之權謀佐之故老學之毒天下不在其厭世主義而在其私立主義。魏晉崇老其必至率天下而禽獸勢使然也。此爲當時老學正派。

二曰丹鼎派。馬貴與曰：「道家之術雜而多端。」蓋清淨一說也，煉養一說也服食又一說也，經典科學又一說也俱欲冒以老氏爲之宗主，以行其教。文獻通考經籍考五十二 此實數千年道敎流派之大略也。煉養服食兩派其指歸略同吾隸括之名曰丹鼎派此派蓋導源於秦漢之交。始皇時侯生盧生等既倡神仙之說；漢初張良功成身退自言從赤松子遊其是否依託，姑弗深考，但留侯必有此等思想可斷言也；漢武迷信封禪李少君欒大之徒相與炫惑，於是煉養服食之說益甚至漢末魏伯陽著參同契密勿傳授其餤益播

後漢彭曉亭參同契云：朔伯陽先示青州徐從事，徐乃隱名而注之，復以授同郡淳于叔通，遂行於世。雖其見地之深淺不同，要之為軀殼所迷總是也。古埃及人用木乃伊術保全屍體，而其言未日審判死者，皆從塚中復生，其為軀殼所迷亦至矣。宗教進化之第一級。中國神仙家言每欲長生保其軀殼，以享飛昇之樂。耶教說兩靈魂，而其言末日審判死者，皆從塚中復生，其為軀殼所迷亦至矣。印度婆羅門外道每欲速滅其軀殼，以享涅槃之樂，莫不如是。神仙家言，又

至晉葛洪而集其大成洪著抱朴子內外編各四卷，神仙傳十卷隱逸傳十卷其他雜著一百餘卷。其言曰道者儒之本也。儒者道之本也。更有所謂丹經者，發明服食之訣也言詭誕不可窮詰。而後世神仙家之思想實宗於此派之說。其在前者文成五利之徒實依託以誑人主而取富貴固不足道；至如魏葛輩，所志或不在是蓋懷抱厭世思想，而又不悟解脫真理，知有軀殼不知有靈魂徒欲長生久視遊戲塵寰是野蠻時代宗教思想必有之現象無足怪者。

此為當時老學第一別派。

三曰符籙派。 符籙之視丹鼎風盆下矣。丹鼎派起於漢初，符籙派起於漢末。順桓間，宮崇襄楷始以于吉神書上於朝後張角用其術以亂天下。何實為！

後漢書襄楷傳云：檜上書言臣前上琅邪宮崇所受于吉神書，不合明聽。又云：初瑗琅邪宮崇詣闕上其師于吉於曲池泉水上所得神書百七十卷，號太平清令書。其言陰陽五行為家，而多巫覡雜語。有司奏崇所上妖妄不經，乃收藏之。案三國志裴注云：張陵漢順帝時人，入鵠鳴山中，造符書，為人治病。陵子衡，衡子魯，以齋法相授，自號師君，其來曰鬼卒，曰祭酒，曰理頭。朝廷不能造就，拜曾為漢陵太守。此張陵始末，見于傳記者也。後寇謙之自言嘗遇老子，命繼道陵為天師。於是六朝以來天師之號起。通 **同時張道**

後張角顧，有其書焉云：是張角之術所自本也。按于吉後為孫策所殺。順帝時距孫策據江東，已七十餘年矣。

志始著錄，馬端臨經籍亦存其目。于吉後為孫策所殺。按于吉神書，即道家所謂太平經者，宋中興史

考載唐天寶六載以後，漢天師子孫嗣真教，冊贈天師為太師。太宗祥符九年，賜信州道士張正隨號靜先生。自是凡嗣世者皆賜號。元至元十三年，賜張宗演體體沖和真人之號，給三品銀印。其後屢有加號，晉秩至一品。明太祖時改為三品，沿襲以至於今，幾與孔子之衍聖公，耶氏之教皇等矣。豈不異哉！

陵亦托此術，密相傳授延至後世仰為真人奉為天師。

不絕書，而寇謙之最顯於北， 魏書釋老志云：寇謙之自言遇仙人成公興，授以大法，又遇太上老君命之繼天師張陵之後，遣師位，賜以雲中音誦新科之誡二十卷云云。太上老君及天師等名稱，實始于此。其後崔浩師事之，受其法術，言之于元魏世祖，乃遣使奉玉帛牲牢迎致焉，于是崇奉天師，顯揚新法，宣布天下，道業大行，每帝即位，必受符籙，以為故事云。 **陶弘景**

自是南北朝士大夫習五斗米道 即張陵致 **者史**

最顯於南， 梁書言陶弘景好陰陽五行風角星算修辟穀導引之法，受道經符籙，最取圖讖之文獻之；武帝從厚之；及即位，猶然。朝士受道者眾，三吳及邊海之際信之論甚；陳武世居吳興，故亦奉為。 **蓋六藝九流，一切掃地，而此派獨滔滔披靡天下矣竊臆論之其時之佛敎已入震旦妖妄者流竊其象致密宗最粗淺之說以欺惑愚眾故其**

所言天地淪壞劫數終盡略與佛經同，又言天尊之體，常存不滅，往往開刼度人，彼中有天尊開刼，已非一度，有延康赤明龍漢開皇等年號，其間相去四十一億萬載云云，皆竊佛氏過去七佛之說，成住壞空四刼之論也。皆損益四阿含俱舍論等所說剿竊之迹顯然可見，而復去兩漢儒者陰陽五行迷信以緣附之故吾謂此時為儒佛過渡時代。此派實其最著者也此為當時老學第二別派。

四曰占驗派。 自西京儒者翼奉眭孟劉向匡衡襲勝之徒既已盛說五行夸言讖緯及光武好之其流愈邕。東京儒者張衡郎顗最稱名家襄楷蔡邕楊厚等亦班班焉。於是所謂風角遁甲七政元氣，六日七分逢占日者，挺專須臾孤虛雲氣諸術，<small>諸術名義解俱見後漢書方術列傳注恕不具引</small>盛行於時後漢書方術列傳所載者三十三人皆此類也。然其術至三國而大顯始儼然有勢力於社會若費長房于吉管輅左慈輩其尤著者也其後郭璞著葬書，<small>此書四庫著錄或言依託璞名。</small>注青囊，<small>此書今佚</small>為後世堪輿家之祖。而稽康亦有難宅無吉凶論則其辟風水說之盛

行可知隋志著錄琭琭子一書，言祿命者以爲本經；而臨孝公有祿命書，陶弘景有三命抄實後世算命家之祖。衞元嵩著元包，庾季才著靈臺祕苑，(皆北周人)爲後世言卜筮者之大成。陶弘景著相經爲後世言相法者之祖凡六朝間爲陷溺社會之罪惡府可也此爲當時老學第三別派。

要而論之當時實道家言獨占之時代也其文學亦彪炳可觀，而發揮厭世精神亦最盛所謂「對酒當歌人生幾何譬如朝露去日苦多」等語其代表也此皆老子「芻狗萬物」楊朱「奚皇死後」之意也雖我國二千年文學大率皆此等音響而魏晉六朝爲尤甚焉曾無雄取奇進之氣惟餘靡靡頹惰之音老楊之毒燄使然也。

其時治經學者雖有若王肅杜預虞翻劉焯劉炫徐遵明之流，然曾不

第六章 佛學時代

能於東京學風外有所建樹徒咬文嚼字，破碎愈甚。北史儒林傳謂「南學簡約，得其精華；北學深蕪，窮其枝葉」兩派之概象雖不同要其於數千年儒學史無甚關係一也雖謂其時為儒學最銷沈之時代可也。

佛學雖自漢明以後已入中國符秦崇法廣事翻譯宗風漸衍，然謂之為佛學萌芽時代則可，竟謂之為佛學時代則不可。蓋當時之治佛學者徒誦經文皈依儀式而於諸乘理法曾無所心得也。

老學之毒雖不止魏晉六朝即自唐以後至今日其風猶未息，雖然遠不如彼時代之盛矣其派別之多亦遠有所遜故割分數千年學術思想史而名彼時為老學時代，殆無以易也。

第一節 發端

吾昔嘗論六朝隋唐之間，爲中國學術思想最衰時代雖然，此不過就儒家一方面而論之耳當時儒家者流除文學外，_{儒學與文學適成反比例，著中國儒學史常以六朝唐爲最衰時代，著中國文學史常以六朝唐爲全盛時代。}一無所事其最錚錚於學界者如王_通陸_{德明}孔_{穎達}韓_愈之流，其於學術史中雖謂爲無一毫之價値可也雖然學固不可以儒敎爲限當時於儒家之外有放萬丈光燄於歷史上者爲，則佛敎是已。六朝三唐數百年中，志高行潔學淵識拔之士悉相率而入於佛敎之範圍；此有所盈則彼有所絀物莫兩大儒敎之衰亦宜。

或曰佛學外學也非吾國固有之學也以入諸中國學術思想史，毋乃不可？答之曰不然。凡學術苟能發揮之光大之實行之者則其學卽爲其人

之所自有。如吾游學於他鄉，而於所學者既能貫通既能領受親切有味食
而俱化而謂此學仍彼之學而非我之學焉不得也。一人如是一國亦然如
必以本國固有之學而始爲學也則如北歐諸國，未嘗有固有之文明惟取
諸希臘羅馬取諸猶太者則彼之學術史其終不可成立矣又如日本未嘗
有固有之文明惟取諸我國取諸歐西者則彼之學術史其更不可成立矣。
故論學術者惟當以其學之可以代表當時一國之思想者爲斷，而不必以
其學之是否本出於我爲斷。

　審如是也則雖謂隋唐之交爲先秦以後學術思想最盛時代可也。前
乎此者兩漢之經學非所及也；後乎此者宋明之理學非所
及也，而餘更無論也又不惟在中國爲然耳以其並時舉世界之學術思想
界較之印度自大乘教諸鉅子入滅後繼法無人，其繼法者 悉在中國 日以萎微；歐洲則

中世史,號稱黑闇時代,自羅馬滅亡以後,全歐爲北狄所蹂躪,幾既於無歷史之域,當時所賴以延文明,絕續於一線者惟恃一頑舊專制之天主敎而已。印度歐洲如此。而餘更無論也。故謂隋唐之學術思想爲並時舉世界獨一無二之光榮可也。縱說之則如彼橫說之則如此。故隋唐學者其在本論中,占一重要之位置也不亦宜乎!

第二節　佛學漸次發達之歷史

中國之受外學與日本異。日本小國也且無其所固有之學,故有自他界入之者則其趨如驚其變如響不轉瞬而全國亦與之俱化矣雖然充其量不過能似人而已,然亦不能眞似終不能於所受者之外而自有所增益自有所創造。中國不然:中國大國也而有數千年相傳固有之學壁壘嚴整故他界之

思想入之不易雖入矣而閱數十年百年，常不足以動其毫髮譬猶撥墨於水其水而爲徑策之盂方策之池也則黑痕修忽而偏矣其在滔滔之江泱泱之海則竇易得而染之雖然吾中國不受外學則已苟既受之則必能盡吸其所長以自營養而且變其質神其用則造成一種我國之新文明，青出於藍冰寒於水於戲深山大澤實生龍蛇龍伯大人之脚趾遂終爲僬僥國小丈夫之項背所能望也謂余不信請徵諸佛學佛學之入震旦也據別史所言或謂秦時與賓利防等交通西漢時從匈奴得金人實爲我國知有佛之矇矢眞僞第弗深考其見於正史信而有據者則東漢明帝永平十年西印度之攝摩竺法蘭兩師，應詔齎經典而至於是佛之教義始東彼。雖然我民族宗敎迷信之念甚薄莫之受也。至桓帝始自信之。興平間民間亦漸有信者，三國時代支纖支亮支謙皆自印度來傳敎時號三支。魏嘉平二年，曇

摩訶羅始以戒律來象致漸備雖然當時道家言極盛全國爲所掩襲莫能奪也；而亦有漸認佛敎勢力之不可侮起而與之爲難者。（魏明帝時有燧叔牙稽著信二道論，著道佛優劣論，有李于作理惑論，而吳主孫皓亦有廢佛敎之議，必其旣興，始有辨之者矣。）及魏晉代，始漸成爲一科學之面目。時則有佛圖澄者，來自西域，專事譯經。東晉以還偉人輩出若道安若惠遠若竺道潛若法顯其尤著也。道安與習鑿齒等游，專闡揚佛敎於士大夫之間；惠遠開廬山，日夜說法佛敎講壇實始於此爲淨土宗之濫觴焉。法顯橫雪山以入天竺，齎佛典多種以歸著佛國記我國人之至印度者此爲第一（法顯三藏者，不徒佛敎界之功臣而已抑亦我國之立溫斯敦也。立溫斯敦，英人之探險于非洲者。）而同時北方一大師起爲佛敎史中開一新紀元，曰鳩摩羅什龜茲國人旣精法理且嫻漢語以姚秦弘始三年始入長安日夜從事繙繹一切經繪成於其手者不知凡幾門徒三千達者七十上足四人道生道融僧肇僧叡其最顯

者也。羅什之功德不一而其最大者為傳大乘教。前此諸僧用力雖勤，然所討論僅在小乘耳。至羅什首傳三論宗宣義譯法華經，又譯成實論，實為成實宗入中國之始。自茲以往佛馱跋陀羅譯華嚴，曇無讖譯涅槃，而甚深微妙之義，始逐漸輸入學界壁壘一新矣。

南北朝之際海宇鼎沸群雄四起，而佛教之進路亦多歧。宋少帝時，譯五分律文帝時，譯觀普賢經觀無量壽經瓔珞等經又迎求那跋摩於罽賓，築戒壇以聽法，中國之有戒壇自茲始。歷陳涉隋以逮初唐諸宗并起菩提流支始倡地論宗，達摩始倡禪宗真諦三藏始倡攝論宗及俱舍宗智者大師始倡天台法華宗南山律師始倡律宗善導大師始倡淨土宗，慈恩三藏始倡法相宗賢首國師始倡華嚴宗善無畏三藏始倡真言宗萬馬齊奔百流洶湧至是遂為佛學全盛時代。

第三節 諸宗略紀

今請將六朝隋唐間有力之諸宗派，列為一表，示其系統。

宗名	開祖	印度遠祖	初起時	中盛時	後衰時
成實宗	鳩摩羅什	訶犂跋摩	晉安帝時	六朝間	中唐以後
三論宗	嘉祥大師	龍樹提婆	同上	同上	同上
涅槃宗	曇無讖	世親	宋齊	宋齊	宋以後歸入天台
律宗	南山律師	曇無德	梁武帝時	唐太宗時	陳以後歸入天台
地論宗	光統律師	世親	同上	元以後	唐以後歸華嚴
淨土宗	善導大師	馬鳴 龍樹	同上	唐宋明時	明末以後
禪宗	達摩大師	馬鳴 龍樹 提婆 世親	同上	同上	同上
俱舍宗	真諦三藏	世親	陳文帝時	同上	同上
攝論宗	同上	無著世親	陳隋間	宋齊	唐以後歸法相
天台宗	智者大師	未詳	陳隋間	隋唐間	晚唐以後
華嚴宗	杜順大師	馬鳴 堅慧	同上	唐則天後	同上
法相宗	慈恩大師	無著世親	唐太宗時	中唐	同上
真言宗	不空三藏	龍樹 龍智	唐玄宗時	同上	同上

以上十三宗除涅槃地論攝論三家歸併地宗外自餘十宗皆經過極光大之時代互起角立支配數百年間之思想界者也今按其所屬教乘再示一表。

教理 ┬ 小乘教 ┬ 俱舍宗
　　　│　　　└ 成實宗
　　　└ 大乘教 ┬ 權大乘教 ┬ 律宗
　　　　　　　　│　　　　　└ 法相宗
　　　　　　　　└ 三論宗
　　　　　　　　　　天台宗
　　　　　　　　　　華嚴宗
　　　　　　　　　　眞言宗
　　　　　　　　　　淨土宗
　　　　　　　　　　禪宗

諸宗之教旨若縷述之雖數千萬言猶不能殫，且亦非余之淺學所能及也，是以不論論其歷史。本論原以中國爲主，不能他及。但各宗起原多與印度有關係，故不得不追論及之。

（一）俱舍宗。佛滅後九百年，世親菩薩，依四阿含經〔增一阿含經五十一卷，中阿含經六十卷，長阿含經二十二卷，雜阿含經五十卷，皆小乘經也。〕造俱舍論〔卷三十〕實為本宗之嚆矢。時印度自佛家乃至外道莫不競學大顯勢力於西域及陳文帝天嘉四年，印度高僧波羅末那〔即真諦三藏〕攜梵本以詣震旦以五年之功譯成之名曰「阿毘達摩俱舍論」即所謂「舊俱舍」者是也。陳智愷唐淨慧皆為作疏。及唐貞觀間玄奘法師親赴天竺從僧伽耶舍論師，學俱舍之奧論，歸國後重譯原本釐為三十卷。其弟子神秦普光法寶尊親為疏記，遂以流通。但此宗本為法相之初步故亦名法相宗之附屬宗云。

（二）成實宗。本宗之祖師，即成實論之訶犁跋摩其人也，生於佛滅後九百年，嘗從有宗本師受「迦旃延」之論，〔時印度佛派有有宗空宗，兩大派。〕覺有所未慊，乃通覽大小乘自創其論，然其宗義不盛於印度至姚秦弘始十三年，鳩摩羅

什始譯之以行於支那其弟子曇影爲之筆述，僧叡爲之注釋，於是此義遂光。自晉末至唐初二百年間，浸淫一世。齊梁之間江南尤盛云。但此論本與三論並譯，其傳法者率皆兩習，故亦名三論宗之附屬宗云。

(三) 律宗。自佛入滅後迦葉尊者與五百羅漢結集大藏，分爲經歷論之三藏，律之在教中蔚爲大國矣。其入中國也始於曹魏嘉平二年，曇摩訶羅始傳所謂十八受者。劉宋元嘉十一年，始行尼受謂比丘尼所受戒律。迨姚秦弘始六年鳩摩羅什始譯十誦律其後僧祇律等相續出世律教漸入震旦矣。其卓然完成一宗者，則自南山律師道宣始。南山生隋開皇間受戒於智者律師之門，後隱於終南研精戒律，及奘師西遊歸國開譯壇於長安南山親爲其書記譯律數百卷，證明戒律爲員頓一乘之旨非小乘所得專有，其有功於佛教實非淺尠，其時與之並起者復有兩派：一曰相部宗法礪律師所創；

一三〇

二曰東塔宗，懷素律師所創；並南山宗統稱律家三宗云。然彼兩宗不光大，獨南山律至元代猶保持宗勢不衰。

（四）法相宗。　法相，天台華嚴三宗，亦稱教下三家，皆大乘妙諦，而當時佛學中最光大者也此宗一名唯識宗以大意明唯識故又名慈恩宗，以開祖為慈恩故。印度傳法，最為分明佛說大乘經中華嚴深密楞伽經等闡揚萬法唯識之義實為斯學所本佛滅後九百年，彌勒慈尊應無著菩薩之請，說五部大倫所論「瑜伽師地論」分則瑜伽論」「大莊嚴論」「辨中邊論」「金剛波若論」是也。無著承彌勒之旨復造「顯揚論」「對法論」等同時有世親菩薩無著 造「五蘊論」「百法明門論」「唯識三十誦論」等大弘斯旨復次佛滅後十一世紀有難陀護法尊十大論師皆注世親三十頌各有心得而護法之弟子戒賢論師所謂傳法大將冠絕一時深究

瑜伽，唯識，聲明，因明等之蘊奧，在五印度中號稱辯才第一傳缽奘師以惠震旦。自茲以往西域此學微矣。唐貞觀三年玄奘三藏求法西行，坊間小說西游記子身徧歷五印得禮戒賢盡受五大論，即彌勒所造十支論，即無著以下所造 博通因明聲明諸學；印度當時有所謂五明者，佛徒外道並學之，其因明即名學，日本所謂論理學也。也。歸國以後弘暢斯旨實為法相宗入中國之嚆矢。玄奘高足窺基號慈恩法師，悉受微言妙達玄旨，於是述疏證義，確立宗規本宗大成實由於是再傳為淄州惠治，著「唯識了義燈」三傳為樸楊智周，著「唯識演祕」經此數師，宗義日以遂光大。

（五）三論宗　三論者：（一）中論（二）十二門論（三）百論也。前二為龍樹菩薩造後一為提婆菩薩造，故本宗祖龍樹提婆。或加大智度論亦名四論宗 鳩摩羅什實提婆三傳弟子也傳法東來專弘此宗四論譯皆出其手什師門下生

道生｜道融｜道叡｜道影｜道恆｜道濟｜曇濟｜
肇僧｜融僧｜叡僧｜影僧｜觀慧｜恆道｜濟曇｜

之八傑皆受大義。曇濟授道朗，道朗

授道詮道詮授法明，法明授嘉祥，至嘉祥大師名吉而此宗全盛其後玄奘復從印度清辯智光兩大師，更受微言。復有地婆伽羅者東來口授宗義於慈恩，慈恩遠承什譯近稟奘傳旁參伽說，著「十二門宗致義記」而此宗遂以大成。

（六）華嚴宗。我佛世尊從菩提樹下起，卽爲深位菩薩文殊普賢等，說華嚴三十八品十萬偈寶佛乘中甚深微妙一乘最極之法門也當時聲聞緣覺根器未熟者聽之如聾如啞佛滅五百年馬鳴菩薩作「大乘起信論」演眞如緣起法門，卽本此經次七百年龍樹菩薩出現造「大不思議論」以解釋之次九百年，天親菩薩造「華嚴十地論。」此三師者稱本宗印度之列祖。其在支那東晉義熙十四年跋陀羅始譯華嚴六十卷其後諸師講說流布製疏撰章者雖不尟然未能確然成一宗派。陳隋間杜順禪師始

提義綱標立宗名著「華嚴法界觀門」「五教止觀十玄章」等,大暢妙旨,是為開宗初祖二祖智儼作「搜玄記」「孔目章」等。三祖法藏稱賢首國師作「五教章」以明本宗之教相作「探玄記」二十卷以解華嚴其餘著述,尚二十餘部圓宗宗風至此大成。故賢首亦稱華嚴太祖賢首沒後有慧苑者私逞臆見刊落師說宗統將墜四祖澄觀慨之作「華嚴大疏鈔」破斥異轍恢復正宗諸祖心傳賴以不墜所謂清涼國師是也五祖宗密稱圭峯禪師紹述清涼盛弘華嚴彙通諸宗斯道益以光大此五傑者,所謂華嚴五祖也。

（七）天台宗。亦名法華宗,以依法華經立宗故此宗不上承印度,創始之者實由我支那,則智者大師其人也。師名智顗陳隋間人以居天台山故此宗得名。時有南嶽慧恩禪師德高一世自證三昧,智者往謁之,則曰昔

者靈山同聽法華宿緣所追,今復來矣乃使修法華三昧越十四日,智者大徹大悟,遂直接佛傳創立此宗。荊溪尊者智者第六代法孫也「止觀義例」云家教門所用義旨以法華爲宗骨以智論按指大智爲指南以大經按指涅槃經也爲扶疏,以大品按指大品般若經也爲觀法,引諸經以增信引諸論以助成觀心爲經諸法爲緯織成部帙不與他同云本宗創立之眞相實括於是。次有章安大師,承天台後廣傳宗風。天台惟散說,章安始結集以成一宗典籍,次有智威、慧威,玄郎妙樂并稱龍象中唐以後,荊溪尊者洒然最顯焉。

(八) 眞言宗。 佛教有顯密二教之別此宗所謂密教也密教者何？不恃言語以立教者也據佛家言佛有三身一釋迦佛二大日如來佛三彌陀佛實一佛之德所流出之三體也。大日者釋迦之法身;釋迦者大日之化身也故後世學者綜別諸宗亦分爲釋迦教大日教彌陀教三類今

所舉十宗，惟眞言宗屬大日教，淨土宗屬彌陀教（今婦孺通念南無阿彌陀佛即宗彌陀教也），餘八宗皆屬釋迦教。相傳金剛薩埵，親受法門於大日如來。如來滅後七百年，薩埵以授龍猛菩薩；龍猛授龍智；龍智授善無畏，始來唐繙大日經，以授金剛智。金剛智實支那傳法初祖也。其後不空和尚東來，承金剛智之後，復從事繙譯，爲玄宗肅宗代宗三代國師，眞言宗之確立，實自不空始。雖然此宗不盛於我國，後經空海（即創造日本字母之人）傳諸日本，日本今特盛焉。西藏蒙古暹羅亦行之。

（九）淨土宗。此宗所依者三經（無量壽經，觀無量壽經，阿彌陀經。）一論（往生淨土論，天親菩薩造。）以念佛藉他力而求解脫所謂彌陀教也。印度先師，推天親菩薩。天親入滅後五百年，菩提流支始傳淨土法門於震旦。先是後漢時安息國沙門安清高始譯無量壽經二卷。及晉慧遠法師結白蓮社於廬山念佛修行，已爲此宗之嚆

矢然法門未備。菩提流支之入中國實北魏永平元年也流支以授曇鸞,著往生淨土論註,大宏斯旨其後隋大業間有道綽唐貞觀間有善導皆錚錚大師也禪宗,天台法相華嚴等諸宗,雖極盛於當時然其教理甚深微妙非鈍根淺學人所能領解故信奉者僅在士大夫獨淨土宗以他力教義感化愚夫愚婦凡難解之教理概置不論故其勢力廣被摩全國善導禪師在世之時屠肆殆無過問者云其力量可見一斑矣今世俗所謂佛教者大率猶汲此宗之末流也。

(十)禪宗。 法相,天台華嚴,稱教下三家禪宗,稱教外別傳。此四宗者,皆大乘上法各有獨到,而中國佛學界之人才亦悉在於是矣。禪宗以不著語言,不立文字直指本心見性成佛爲教義,一變佛教之窠臼。後此宋明間,儒佛混合皆自此始。此歷史相傳靈山會上釋尊拈花迦葉微笑正法眼藏,

一三七

於茲授受其後迦葉尊者以衣缽授阿難，中間經歷馬鳴龍樹天親等二十七代，密密相傳不著一字直至達摩禪師自迦葉迄達摩是為印度二十八祖。達摩承二十七祖之命東漢震旦當梁武帝普通七年始至廣東後入嵩山面壁十年，始得傳法之人傳已遂入滅故達摩亦稱震旦禪宗初祖二祖慧可三祖僧璨四祖道信皆依印度祖師之例，不說法不著書惟求得傳缽之人，卽至圓寂。至五祖弘忍號黃梅大師，開山授徒門下千五百人玉泉神秀為首座竟不能傳法。而六祖大鑑慧能以不識一字之舂春人受衣缽焉後神秀復師六祖悟大法。於是禪宗有南北二派南慧能北神秀也六祖以後缽止不傳而敎外密傳遂極光大爾後遂衍為雲門法眼曹洞潙仰臨濟之五宗宋明以來益滔滔披靡天下今列禪門五宗表如下：

六祖
　├─青原行志
　│　├─石頭希遷
　│　│　├─天皇道悟─龍潭崇信─德山宣鑑─雪峯義存─雲門文偃─雲門宗。
　│　│　│　　　　　　　　　　　　　　　　　　　　└─玄沙師備─羅漢樹琛─法眼文益─法眼宗。
　│　│　└─藥山惟儼─雲岩曇成─洞山良价─曹山本寂─曹洞宗。
　└─南嶽懷讓─馬祖道一─百丈懷海─潙山靈祐─仰山慧寂─潙仰宗。
　　　　　　　　　　　　　　　　└─黃檗希運─臨濟義玄─臨濟宗。

以上諸宗傳授之大師也。至各派之長短得失，固非淺學所能言，亦非本論所應及，故從闕如。若吾國佛學之特色及諸學說之尤精要者，請於次節試論之。

第四節　中國佛學之特色及其偉人

美哉！我中國不受外學則已苟受矣則必能發揮光大，而自現一種特色。吾於算學見之吾於佛學見之中國之佛學乃中國之佛學非純然印度

之佛學也不觀日本乎？日本受佛學於我，而其學至今無一毫能出我範圍者；雖有眞宗日蓮宗爲彼所自創，然眞宗不過淨土之支流日蓮不過天台之餘裔，非眞能有甚深微妙得不傳之學於遺經者也；（眞宗許在家修行，許食肉帶妻，是其特色。但此亦印度所謂優婆塞，中國所謂居士之類耳；若以此爲佛徒也，何如禪宗直指本心，並佛徒之名亦不必有之爲高乎？）能自創一派以視中國瞠乎後矣此甯非我泱泱大國民可以自豪於世界者乎吾每念及此吾竊信數十年以後之中國必有合泰西各國學術思想於一爐而冶之以造成我國特別之新文明，以照耀天壤之一日吾頂禮以祝吾跂踵以俟。「高山仰止景行行止」吾請謳歌隋唐間諸古德之大業，爲我青年勸焉。

（第一）自唐以後，印度無佛學其傳皆在中國。基督生於猶太，而猶太二千年來無景教，景教乃盛於歐西諸國釋尊生於印度，而印度千餘年來

無佛教,佛教乃盛於亞東諸國豈不悲哉豈不異哉!佛滅度也數百年間,五印所傳但有小乘小乘之中,復生分裂上座大衆各鳴異見別爲二十部。至世五紀,_{凡世紀皆以佛滅後計下仿此}外道繁興大法不絕於縷,至六世紀末而有馬鳴七世紀而有龍樹提婆九世紀而有無著世親,十一世紀而有清辨護法,十二三世紀而有戒賢智光其可稱眞佛教者,不過此五百年間耳自玄奘西游徧禮戒智諸論師受法而歸於是千餘年之心傳盡歸於中國自此以往,印度教徒事論戰,息於布教而婆羅門諸外道復有有力者起,日相攻掊,佛徒不支,乃思調和浸假採用婆羅門教規念密咒行加持開教元氣銷滅以盡至十五世紀而此母國已無復一佛跡。此後再蹂躪於回教,三侵蝕於景教而佛學遂長已矣!轉視中國則自唐以來數百年間大師屢起新宗屢建禪宗既行舉國碩學皆參圓理其餘波復披靡以開日本佛教之不滅,皆中國諸

賢之功也中間雖衰息者二三百年，而至今又駸駸有復興之勢。近世南海瀏陽皆提倡佛學，吾意將來必有結果。他日合先秦希臘印度及近世歐美之四種文明而統一之光大之者其必在我中國人矣此其特色一也。

（第二）諸國所傳佛學者皆小乘，惟中國獨傳大乘。佛教之行，西訖波斯北盡鮮卑即西伯利亞南至暹羅東極日本凡亞洲中大小百數十國無不徧被。吾深疑耶教爲剽竊印度婆羅門及佛教而成者，其稱天主，或即韋陀論所謂梵天大自在天；其言永生，即佛教所謂涅槃；自餘天堂地獄之論，禮拜祈禱之式，無一不與小乘法相類。古代希臘埃及猶太印度既有交通，如希臘大哲戀縈，史籍亦謂其嘗至印度，然則印度宗教育流入猶太，亦非奇事；但未得確據，不敢斷言耳。雖然彼其所傳皆小乘耳。蓋當馬鳴初興時，而印度本敎諸人固已紛紛集矢謂大乘非佛說大乘之行於印寔幾希耳故其派衍於外國者，無不貪樂偏義謗毀圓秉卽如今日西藏蒙古號稱佛法最盛之地，問其於華嚴法華之旨有一領受者乎？無有也。獨我中國雖魏晉以前象法萌芽未達精蘊迨羅什以後流風一播全國憬日本佛學以中國爲母，不在此論。

從,三家齊興別傳崛起隋唐之交小乘影迹幾全絕矣竊嘗論之宗教者亦循進化之公例以行者也其在野蠻時代人羣智識卑下不得不歆之以福樂懼之以禍災故雖權法得行焉;及文明稍進人漸誠自立之本性斷依賴之劣根,故由恐怖主義而變爲改脫主義,由利己主義而變爲愛他主義此實法之所以能施也中國人之獨受大乘實中國國民文明程度高於彼等數級之明證也此其特色二也。

(第三)中國之諸宗派多由中國自創,非襲印度之唾餘者。試以第三節所列十宗論之,俱舍宗惟世親造一論印度學者競習之耳未嘗確然立一宗名也;其宗派之成實自中國成實宗則自訶梨跋摩以後竺國故書雅記無一道而其流獨盛於中國。三論宗在印其傳雖稍廣然亦不如中國。至於華嚴其本經之在印度,已沈沒於若明若昧之域,據言佛滅後七百年,龍樹菩薩始以神力攝取華嚴經於海龍宮,是

為本經疏通之始。此等神祕之說，雖不足深信，然華嚴不顯於印度，已可想見矣。

「兩論推闡斯義，餘無所聞，故依華嚴以立敎實自杜順賢首清涼圭峯之徒始也。雖謂華嚴宗爲中國首創爲可也。又如禪宗雖云西土有二十八祖但密之又密，舍前祖與後祖相印接之一刹那頃無能知其淵源，其眞僞固不易辨；即云眞矣，而印度千餘年間，舍此二十八人外更無一禪宗可斷言也。不甯惟是，後祖受鉢前祖隨卽入滅，然則千餘年間不許同時有兩人解禪宗正法者，又斷然也。若是則雖謂印度無禪宗焉可也。然則佛敎有六祖而始有禪宗，其猶耶敎有路德而始有布羅的士丹也。若夫天台三昧，止觀法門，特創於智者大師一人，前無所考，旁無所受，此又其彰明較著者矣。由此言之，十宗之中惟律宗法相宗眞言宗淨土宗嘗盛於印度，而其餘則皆中國所產物也。試更爲一表示之：

一　俱舍宗……印度有而不盛……中國極盛
二　成實宗……印度創之而未行……中國極盛
三　律　宗……印度極盛……中國次盛
四　法相宗……印度極盛……中國亦極盛
五　三論宗……印度有而不盛……中國極盛
六　華嚴宗……印度無……中國特創極盛
七　天台宗……印度無……中國特創極盛
八　眞言宗……印度極盛……中國甚微
九　淨土宗……印度極盛……中國次盛
十　禪　宗……印度無……中國特創極盛

夫我國之最有功德有勢力於佛學界者，莫如敎下三家之天台，法相，

華嚴與教外別傳之禪宗自餘則皆支那附庸而已而此四派者惟其一曾盛於天竺其三皆創自支那我支那人在佛教史上之位置其視印度古德何如哉竊嘗考之：印度惟小乘時代有派別，

（佛滅後小乘派分爲二十部。初分爲大衆部，上座部，佛滅一世紀時所分也；次分爲一說部，說出世部，二世紀初葉所分也；次爲多聞部，次爲說假部，皆二世紀中葉所分也；次爲制多山部，西山住部，北山住部，二世紀末葉所分也；；此八派，皆從大衆部分出。次爲雪山部，次爲說一切有部，三世紀初葉所分也；次爲犢子部分爲法上部，賢冑部，正量部，密林山部，復由犢子部分出也；次由化地部分爲法藏部，皆三世紀中葉所分也；次爲飮光部，三世紀末葉所分也；次爲經量部，四世紀初葉所分也。；此十派皆從上座部分出也。四世紀以後，小乘衰熄，大乘未興，佛敎幾絕。）

而大乘時代無派別。大乘之興凡爲三期：第一期則馬鳴也，（六世紀）第二期則龍樹提婆也；（七世紀）第三期則無著世親也；（九世紀）皆本師相傳毫無異論，略似漢初伏生申生后蒼等之經學及其末流護法清辨諍空有於依他之上戒賢智光論相性於脣舌之間壁壘稍新門戶始立而法輪已轉而東矣。蓋大乘敎義萌芽於印度而大成於支那故求大法者當不於彼而於我。此非吾之夸言也殆亦古德之所同許也此其特色三也。

（第四）中國之佛學，以宗教而兼有哲學之長。中國人迷信宗教之心，素稱薄弱論語曰：未能事人，焉能事鬼？未知生，焉知死？子墨子謂程子曰：儒以天爲不明，以鬼爲不神。〔見墨子公孟篇〕蓋孔學之大義，浸入人心久矣。佛耶兩宗，並以外教入中國，而佛氏大盛耶氏不能大盛者何也？耶教惟以迷信爲主，其哲理淺薄不足以饜中國士君子之心也佛說本有宗教與哲學之兩方面其證道之究竟也在覺悟，〔覺悟者，正迷信之反對也。〕其入道之法門也在智慧〔耶教曰事祈禱，所謂借他力也。〕其修道之得力也在自力，佛教者實不能與尋常宗教同視者也中國人惟不蔽於迷信也故所受者多在其哲學之方面，而不在其宗教之方面；而佛教之哲學又最足與中國原有之哲學相輔佐者也中國之哲學多屬於人事上國家上而於天地萬物原理之學究窮之者蓋少焉。英儒斯賓塞嘗分哲學爲可思議不可思議之二科若中國先秦之哲學〔與全知全能之進化主比。〕

則毗於其可思議者,而之於其不可思議者也。自佛學入震旦與之相備,然後中國哲學乃放一異彩,宋明後學問復興實食隋唐間諸古德之賜也此其特色四也。

※ 本書原版封面題簽爲「中國學術思想變遷史」,原版正文内容爲「中國古代學術思想變遷史」,今次影印出版,秉承尊重原版之原則,封面、扉頁、正文内容皆以原版爲準,不作改動,以備大方之家研究之用。——編者注